O MENINO QUE NÃO DEVERIA SER

Editora Appris Ltda.
1.ª Edição - Copyright© 2024 do autor
Direitos de Edição Reservados à Editora Appris Ltda.

Nenhuma parte desta obra poderá ser utilizada indevidamente, sem estar de acordo com a Lei nº 9.610/98. Se incorreções forem encontradas, serão de exclusiva responsabilidade de seus organizadores. Foi realizado o Depósito Legal na Fundação Biblioteca Nacional, de acordo com as Leis nos 10.994, de 14/12/2004, e 12.192, de 14/01/2010.

Catalogação na Fonte
Elaborado por: Josefina A. S. Guedes
Bibliotecária CRB 9/870

O482m 2023	Oliveira, Gabriel Graça de O menino que não deveria ser / Gabriel Graça de Oliveira. – 1. ed. – Curitiba : Appris, 2023. 155 p. ; 21 cm. Inclui bibliografia. ISBN 978-65-250-5145-1 1. Memória autobiográfica. 2. Desenvolvimento da personalidade. 3. Identidade de gênero. 4. Transexualidade. I. Título. CDD – 306.7

Appris
editora

Editora e Livraria Appris Ltda.
Av. Manoel Ribas, 2265 – Mercês
Curitiba/PR – CEP: 80810-002
Tel. (41) 3156 - 4731
www.editoraappris.com.br

Printed in Brazil
Impresso no Brasil

GABRIEL GRAÇA DE OLIVEIRA

O MENINO QUE NÃO DEVERIA SER

FICHA TÉCNICA

EDITORIAL
Augusto Coelho
Sara C. de Andrade Coelho

COMITÊ EDITORIAL
Ana El Achkar (UNIVERSO/RJ)
Andréa Barbosa Gouveia (UFPR)
Conrado Moreira Mendes (PUC-MG)
Eliete Correia dos Santos (UEPB)
Fabiano Santos (UERJ/IESP)
Francinete Fernandes de Sousa (UEPB)
Francisco Carlos Duarte (PUCPR)
Francisco de Assis (Fiam-Faam, SP, Brasil)
Jacques de Lima Ferreira (UP)
Juliana Reichert Assunção Tonelli (UEL)
Maria Aparecida Barbosa (USP)
Maria Helena Zamora (PUC-Rio)
Maria Margarida de Andrade (Umack)
Marilda Aparecida Behrens (PUCPR)
Marli Caetano
Roque Ismael da Costa Güllich (UFFS)
Toni Reis (UFPR)
Valdomiro de Oliveira (UFPR)
Valério Brusamolin (IFPR)

SUPERVISOR DA PRODUÇÃO
Renata Cristina Lopes Miccelli

PRODUÇÃO EDITORIAL
Daniela Nazario

REVISÃO
Marcela Vidal Machado

DIAGRAMAÇÃO
Renata Cristina Lopes Miccelli

CAPA
Tiago Alves

REVISÃO DE PROVA
Jibril Keddeh

Ao bem e à paz de todos os seres

PREFÁCIO

São muitas as razões pelas quais recebi com imensa alegria o convite para prefaciar *O menino que não deveria ser*, décadas depois de um convívio tão especial com seu autor.

Conheci o psiquiatra Gabriel Graça de Oliveira por volta da primeira metade da década de 1990, quando pude constatar sua excelência profissional, observando o modo compassivo, ético e cientificamente preciso com que cuidava de alguns de meus pacientes de psicoterapia. Suas palestras em eventos científicos se caracterizavam por profundidade sem arrogância, e sua pessoa revelou-se especialmente afetiva, acolhedora e ativa defensora de valores admiráveis. De quebra, fui presenteada com a chance de lhe ensinar os fundamentos da Terapia Analítico-Comportamental no curso de Especialização do Instituto de Psicologia da Universidade de São Paulo. A vida de uma docente seria tão mais simples se cada aluno tivesse o vasto repertório e o empenho de Gabriel... Impossível não me tornar amiga de uma pessoa tão especial.

O *preprint* desta obra me cativou desde a primeira leitura. Ao longo das páginas é possível viajar pelo pensamento de pesquisadores e teóricos de áreas muito distintas como Psiquiatria, Sociologia, Psicologia, Genética,

Neurociências etc. Gabriel tece contrapontos, mostra quão pouco sabemos sobre o complexo tema do "desconforto com a própria identidade" de gênero.

Partindo de questões mais gerais, sem notar, rapidamente acabamos nos colocando sob a pele metaforicamente ferida de um menino, cujas pessoas ao redor o identificavam como sendo uma menina. Esse descompasso durou décadas e implicou um doloroso processo de tentativas de ajustamento às expectativas da coletividade e de anulação da identidade.

Preparem-se para a leitura: há dor, desamparo, (des)esperança, esmorecimento e vigor, quase-mortes e muitos renascimentos. Observem com atenção o papel protetor de uma família que buscou respeitar as características de sua criança nas diversas vezes em que elas trombavam de frente com as expectativas sociais.

Em conversa recente, Gabriel salientou que sua missão consiste na luta para que a transgeneridade seja mais bem conhecida e plenamente aceita, entendida como uma das múltiplas formas possíveis de identidade de gênero. Em última instância, o propósito precípuo da obra é evitar os suicídios e homicídios que destroem pessoas cujo sofrimento as conduziu a becos sem saída. Além de impedir mortes, acrescentou meu amigo, há que se lutar por um viver com sensação de pertencimento, inserção social, pleno conforto com quem se é.

Já espero ansiosa pela continuidade desta narrativa autobiográfica, mesclada com a impecável e esclarecedora produção de pensadores de vários campos do saber. Ao menino que se tornaria o doutor Gabriel, envio abraços cheios de carinho e compaixão. Ao homem Gabriel, meu respeito e gratidão, você nos ensina um sem-fim de lições, buscando um mundo em que imperem a justiça, a solidariedade e a segurança emocional.

Professora Dra. Regina Wielenska

Psicóloga clínica e professora visitante em várias instituições de ensino superior do país.

APRESENTAÇÃO

Desde que me entendo por gente, lido com sentimentos de inadequação e desvalorização. Mas tive a sorte de ter herdado uma pequena parte da biblioteca da escola de meus pais e encontrei nos livros meus fiéis parceiros – muitas vezes foram meu esconderijo e algumas vezes descobri "algum pedaço" meu neles. E foi isso que aconteceu, lendo *O menino que não deveria ser*, do doutor Gabriel Graça. Logo no prólogo, ao final do terceiro parágrafo: "[...] este primeiro livro é, antes de tudo, um convite a todos aqueles que, por alguma razão, não se sentem existencialmente confortáveis". Esse convite calou fundo em mim. E um pouco mais adiante: "Quando lidamos com o incompreensível e sentimos a angústia do caos, é fundamental encontrar aquele núcleo de verdade em nós".

Ele escreveu isso para mim! Precisei retornar ao início para confirmar se eu havia compreendido do que se tratava o livro. Sim, o objetivo é educar e instruir acerca da questão de gênero, utilizando uma sólida base técnica, adquirida ao longo de sua vida acadêmica e de sua própria vivência. Entretanto, as reflexões do autor dialogam fortemente com o que eu vivera e crera, desde a infância, e mais especialmente desde a pandemia.

Segui lendo, emocionando-me e vislumbrando, em seu exemplo corajoso, a força para lidar com minhas próprias questões. Corajoso, profundo, elegante, humilde, sábio. Poderia elencar inúmeros adjetivos e substantivos, todos insuficientes para descrever minha sensação durante a leitura deste estudo autobiográfico.

Sinto-me honrada com esse convite, querido Gabriel. E grata por sua corajosa coerência e empenho em oferecer, tanto para profissionais quanto leigos, este trabalho de grande importância para o presente e para o futuro.

A verdade é libertadora e fundamental para a vida.

Glória Pires
Atriz e produtora

PRÓLOGO

Há assuntos que são delicados. Definitivamente é o caso deste livro. A delicadeza reside na necessária humildade que se deve ter diante de realidades pouco conhecidas, na compaixão que inspira o sofrimento inexplicável, na solidariedade que toda vulnerabilidade humana deveria despertar.

A verdade das palavras nele contidas não reflete convicções apaixonadas nem certezas inquestionáveis. Sua origem é mais simples. Deita suas raízes na experiência de uma vida contada, na partilha sincera de uma história que não se pretende extraordinária porque anseia encontrar seus pares.

Assim, este primeiro livro é antes de tudo um convite a todos aqueles que, por alguma razão, não se sentem existencialmente confortáveis.

De fato, o desconforto diante da própria identidade, dos afetos, da sensação de insuficiência, do sentimento de inadequação, da solidão de não conseguir compartilhar a própria subjetividade, da impossibilidade de ser compreendido, da desconfiança em ser realmente amado, das inseguranças da jornada, enfim, é indubitavelmente a linha que perpassa subjacente, alinhavando os desafios narrados ao longo das próximas páginas.

A narrativa biográfica, em dados momentos, se recolhe em pausa para dar lugar a textos de caráter psicoeducativo ou paradidático. O objetivo é prestar esclarecimentos relevantes não apenas sobre questões de gênero, mas também sobre aspectos que as conectam com o desenvolvimento da personalidade, no período que vai da infância ao final da adolescência.

As vicissitudes relativas ao início da vida adulta e vida adulta intermediária serão objeto de um próximo livro que, aliás, já se encontra em processo de elaboração.

A opção de oferecer textos assim híbridos surgiu da percepção da lacuna, na literatura voltada para o público leigo, de publicações que versem sobre a formação da identidade de gênero, sua variabilidade e seus impactos psicológico e social.

Tentei fazê-lo imprimindo o melhor de meus esforços no sentido de não fraturar o fluxo da leitura. Porém, tenho consciência de que, não obstante meu empenho, algumas transições se apresentam um tanto quanto abruptas. Nesses casos, em que minha falta de habilidade não me permitiu conciliar a bondade da utilidade com a beleza da elegância, preferi o alívio do necessitado ao enlevo do diletante.

A mesma observação se aplica às notas de rodapé. Aconselho dar-se por escusado quem não se sentir obrigado a lê-las. Em princípio, talvez seja até melhor não se preocupar com elas. Foram escritas para facilitar o acesso a definições ou conceitos pouco conhecidos, ainda que com certo prejuízo estético.

Assim, surge este primeiro volume. Sua existência aspira informar, oferecendo conhecimentos anteriores, e provocar reflexões, *insights* e diálogo a partir de uma vida humana que, a cada página, pedirá permissão para se revelar. Se isso, por um lado, propicia o conhecimento histórico de uma realidade, por outro, restringe a possibilidade de generalizações que permitam compreender o fenômeno numa perspectiva mais ampla. Seja como for, pretendi facilitar o percurso do caminho, pavimentando-o com a concretude dos fatos, porque confio no processo evolutivo humano e sei que não se dá um passo à frente sem considerar, com a devida atenção, num nível mais profundo, os dramas apresentados pela necessidade de conciliar os instintos naturais do *Homo sapiens* e o desejo de transcendência que liberta o homem dos determinismos do animal.

No mais, creio que nada pode ser mais legítimo que o esforço em procurar sentir-se minimamente confortável sob a própria pele; na relação com o outro; no desempenho das atividades que nos integram à malha social, à vida, enfim.

Nesse sentido, talvez se trate menos de entender do que acolher. Se isso for possível, já será muito porque nada pode ser mais humano que a lógica do amor.

O resto é vida que flui; é a peleja que a todos irmana na busca da sobrevivência e da felicidade.

A VERDADE VOS LIBERTARÁ!

Eu sou uma pessoa! Fechei o livro que me fora emprestado por meu colega Sérgio de Almeida, com certo alívio. *"Afinal, são tão poucas as certezas possíveis nesta vida..."* — disse de cenho franzido e ar circunspecto. Não me vi, mas me conheço. Assuntos sérios costumam inspirar-me uma certa solenidade. Eu sabia que tinha que iniciar minha jornada de algum lugar que fosse realmente verdadeiro.

Quando lidamos com o incompreensível e sentimos a angústia do caos, é fundamental encontrar aquele núcleo de verdade em nós. Eu me sentia perdido diante da tarefa de organizar minha existência no mundo. Sentia-me encolhido, constrangido, como se não pudesse ser. Precisava partir de algum lugar. Por mais básico que fosse, propiciaria maior fé no caminho intuído pela serenidade de uma partida que, ao menos, em seu início, permitisse conciliar o sono. Dormi com a certeza de ser gente.

Como era sábado, acordei por volta das sete horas. Sempre achei curiosa a facilidade com que consigo acordar cedo quando não tenho compromisso. Tomei meu café da manhã com a tranquilidade que sempre julguei necessária e pensei que, se conseguisse acordar mais cedo diariamente, começaria meu dia degustando meu desjejum com calma ao invés de ter que fazer tudo correndo para minimizar o atraso.

Poderia contemplar o espetáculo dos ipês coloridos e prestar atenção às letras das canções do rádio. Iniciaria meus dias com esses "pequenos" prazeres.

Haveria de existir diferença entre uma vida que se renovasse a cada manhã para o prazer da presença[1] e uma vida que já amanhecesse com a culpa de estar no lugar errado. Na cama, quando deveria estar no chuveiro; no chuveiro, quando já deveria estar à mesa; à mesa, quando deveria estar no caminho: metáfora de uma existência que se atualizava cotidianamente e me fazia experimentar uma sensação prevalente de inadequação.

Começar o dia com sentimento de débito por causa de dez minutos definitivamente não me parecia inteligente, entretanto, como responder melhor se me faltava a motivação essencial: ser no mundo?

Lembrei-me do livro. Fui ao quarto pegá-lo. Deveria sair para caminhar, porém voltei à leitura. Parecia-me urgente.

---

[1] *Presença* é uma expressão usada pelos praticantes de meditação e significa estar mentalmente presente com plena atenção ao aqui e agora. Trata-se de um esforço contínuo para não se prender ao passado, que não existe mais, porque já passou, e não antecipar o futuro que ainda não existe. Os meditadores, assim como Santo Agostinho, dizem que a única realidade que existe é o momento presente.

Se eu não me sentisse uma pessoa, estaria diante de uma disforia[2] de espécie, coisa que, graças a Deus, eu não tenho e, aliás, nem existe. Ri de mim mesmo por ter pensado aquela tolice e principalmente por sentir-me livre de um transtorno que, se existisse, seria de fato uma tragédia. Já pensou – perguntei-me, rangendo a rede na varanda – ser uma pessoa e sentir-me um cavalo ou um cachorro?...

Minha atenção foi subitamente subtraída para duas crianças bem pequenas que brincavam com uma senhora mais idosa, no jardim do edifício. Tentavam andar, caíam sentadas, tentavam comer pedacinhos de grama veementemente negados pela avó atenta e cuidadosa. *"Como será que elas se percebem?"*. Pareciam felizes em seus vestidinhos estampados...

Voltei a lidar novamente com essa questão do meu gênero.[3]

Confesso que isso me causa uma certa vertigem e medo de altura. É como se eu tivesse ficado perdido numa montanha gelada... Aprendi a sobreviver, a suportar o desconforto da necessidade, a distinguir doze tons de branco e encontrar abrigo nos lugares mais improváveis. As intempéries do tempo levaram-me ao limite das minhas possibilidades e de lá, de repente, vislumbrei o caminho de volta para casa: levantar-me e perceber que, de alguma

---

[2] É um mal-estar psíquico acompanhado por sentimentos depressivos, tristeza, melancolia e pessimismo.

[3] Gênero refere-se ao conjunto de comportamentos e atributos que uma cultura associa com ser homem ou ser mulher.

maneira, por especial favor divino, eu me tornara maior que aquela montanha gelada.

PRECONCEITOS E PRESSUPOSIÇÕES

Foi indescritivelmente maravilhoso erguer-me! *"Não temais!"*. *"Não tenhais medo!"*. Essas frases ecoavam em mim como um mantra. Eu as lera tantas vezes... Criaram-se em mim as condições necessárias: obedeci à exortação bíblica e abracei minha verdade. Esse ato de coragem trouxe-me uma força de asserção da qual eu sequer suspeitava. Senti-me empoderado por uma dignidade desconcertante. Onde estavam os que, com minha anuência, queriam me condenar?

Sem dúvida, se me pedissem para pintar um quadro que retratasse o preconceito, eu pintaria uma montanha gelada: fria, inóspita, muito perigosa e fácil de pintar.

O preconceito nos aprisiona pelo medo. É essa sua arma! A ameaça da exclusão que se justificaria por um mal culposo. É essa sua crueldade! Ler o preconceito como tal é libertador porque revela sua natureza imoral e autoriza a verdade.

É fato que sempre que o ser humano se depara com algo novo ou alguém que apresenta uma diferença mais significativa em relação à maioria formula hipóteses que nada mais são que maneiras de tentar organizar os pensamentos para, num primeiro momento, encontrar uma forma mais segura de interação.

Portanto, conceber alguma ideia sobre os fenômenos desconhecidos é natural. O cérebro humano se sente desconfortável diante do inexplicável. Face ao que não faz sentido ao conhecido ou aos esquemas cognitivos de interpretação do mundo, surge um sentimento que muitos denominam *angústia do caos*[4].

Assim, não é difícil compreender que o ser humano faça o esforço de criar uma "leitura" a priori do desconhecido. Dependendo do potencial ameaçador atribuído ao novo ou diferente, esse "texto" pode ganhar status de coisa sabida ou manter a real dimensão de uma suposição verificável.

O preconceito, como o próprio nome indica, é um conceito apriorístico, um conhecimento presumido e convicto acerca de algo ou alguém que não se conhece suficientemente. O grande problema do preconceito é que ele fecha portas, não apenas para as pessoas, mas também para a possibilidade de entender os fenômenos da vida.

As pressuposições, ao contrário, são inerentemente humildes; "sabem" que são apenas suposições sobre algo

---

[4] Na filosofia existencialista, a palavra "angústia" tem o sentido de "inquietação metafísica" em meio ao caos das experiências destituídas de sentido que atormentam o ser humano. Seu uso parece ter surgido com Søren Kierkegaard (1813-1855), que em 1844 escreveu um trabalho sobre a *Ideia de Angústia*. Pela angústia o ser humano toma consciência do nada de onde ele veio e do porvir no qual se engaja. A ambiguidade fundamental da existência humana, entre o ser e o nada, apresenta-se juntamente com a impossibilidade de compreender racionalmente sua situação metafísica e o absurdo de viver uma vida incompreensível.

ou alguém, portanto podem ser refutadas. Quem faz pressuposições aproxima-se do fenômeno com espírito científico, ou seja, aberto à verdade.

Karl Jaspers (1883-1969) foi um filósofo existencialista e psiquiatra alemão. No livro *Psicopatologia Geral*[5], ele discorre sobre as diferenças entre preconceitos e pressuposições. Diz o autor que *"sempre que compreendemos alguma coisa, já trouxemos o princípio que possibilita e constitui nossa compreensão. Caso tal princípio falseie a compreensão, falaremos de preconceito, caso a favoreça e promova, falaremos de pressuposição"*. O autor defende a ideia de compromisso com a autorreflexão crítica para a tomada de consciência daquilo que, inconscientemente, já tinha sido considerado como evidente. Entre outras, adverte Jaspers, a propensão para uma concepção uniforme do todo é especial fonte de preconceitos. Trata-se, segundo explica, de uma tendência que se satisfaz com ideias básicas simples e conclusivas, gerando com isso uma inclinação para tomar como absolutos pontos de vista, métodos e categorias particulares, assim como a confusão entre possibilidades do saber e convicções de fé. O autor segue afirmando que os preconceitos pesam sobre nós inconscientemente com uma pressão paralisante. Dissipá-los constitui-se em tarefa essencial, especialmente porque, do ponto de vista existencial, constituem-se em limites que restringem a vida; quando autodirigidos, atacam a autoestima, subtraem da pessoa a noção do direito

---

[5] JASPERS, K. *Psicopatologia Geral.* Rio de Janeiro: Atheneu, 1979. v. 1 e 2.

de estar na face deste planeta como todos os demais; adoecem psiquicamente e de muitos chegam a roubar a própria existência. Às vezes, concretamente.

SEM MEDO DA VERDADE

Gênero e sexo... Não deveriam ser sempre congruentes? Por que algumas pessoas têm gêneros divergentes de seu sexo biológico? Para ser bem franco, eu sempre tive um sentimento de estranheza. Como é que pode? Eu era um menino, porém eu tinha um corpo feminino...

E, afinal, o que é ser um homem? O que é ser o que sinto que sou? Ter um pênis? Mas e os homens que tiveram seus órgãos genitais amputados por acidente ou câncer? Não seriam mais homens? Gostar de mulheres? E os gays não seriam homens? O cariótipo[6]? E as pessoas com cariótipo XY[7], que apresentam a síndrome completa de insensibilidade a andrógenos?[8] *Não são mulheres?*

---

[6] Conjunto de cromossomos, cujo número e morfologia são característicos de uma espécie.

[7] Par de cromossomos sexuais característicos de machos de humanos, da maioria de outros mamíferos, de alguns insetos (*Drosophila*) e de algumas plantas (*Ginkgo*).

[8] Distúrbio do sistema endócrino caracterizado pela falta de resposta do organismo à testosterona. Nesse caso, mesmo tendo a genética determinante do sexo masculino, o corpo não desenvolve as características sexuais correspondentes. O bebê nasce com a genitália indefinida; na adolescência, não ocorre o engrossamento da voz nem o crescimento típico de pelos. As crianças com essa síndrome são tratadas com hormônios femininos, submetem-se a cirurgias de designação sexual feminina e são criadas como meninas.

Eu tentava entender. Sempre procurei, com o melhor de meus esforços, compreender. Quando estava na faculdade, resolvi pesquisar o assunto e logo vi quão controverso e polêmico era.

Fui procurar as definições aceitas pela Organização Mundial da Saúde. Não haveria instituição mais autorizada, pensei. E lá estava: "*sexo refere-se ao estado biológico de machos ou fêmeas e é determinado por cromossomos, por hormônios e pela anatomia do organismo; gênero refere-se ao conjunto de comportamentos e atributos que uma cultura associa com ser homem ou ser mulher e identidade de gênero é a percepção que o indivíduo tem acerca do seu próprio gênero*". As definições pareciam-me bem claras. O grande desafio estava – e está – na identificação de quais comportamentos e expectativas de homens e mulheres seriam decorrentes da Biologia, leia-se natureza; da sociedade, entenda-se criação; ou de ambos. Aqui reside a celeuma, objeto de debates acalorados entre antropólogos, sociólogos, psicólogos, juristas, religiosos e neurocientistas. Os cientistas sociais defendem a teoria segundo a qual ninguém nasce homem ou mulher. Na visão desses pesquisadores, o bebê humano nasce com um sexo biológico que o caracteriza como macho, fêmea ou ambos, no caso do hermafroditismo verdadeiro.[9]

---

[9] Hermafroditismo verdadeiro é uma condição biológica rara caracterizada pelo desenvolvimento de ambos os aparelhos reprodutivos (masculino e feminino) em um ser humano que apresenta pares de cromossomos sexuais masculinos (xy) e femininos (xx).

Tornar-se homem, mulher ou "não binário"[10] faria parte de um processo de humanização de caráter sociocultural que poderia convergir ou não com o sexo do indivíduo. Portanto, na visão desses estudiosos, sexo e gênero são fenômenos completamente distintos e independentes.

Segundo o pensamento formado a partir desse entendimento, a possibilidade dessa divergência deveria ser considerada como um fenômeno completamente normal. Dessa visão decorre uma posição política amplamente defendida por seus simpatizantes: a sociedade deveria respeitar o processo de desenvolvimento da identidade de gênero de um indivíduo, aceitando com naturalidade as diferentes possibilidades de sua constituição, interferindo o menos possível em sua determinação e, consequentemente, rejeitando qualquer ideia relativa à concepção de transtorno ou problema de saúde quando da ocorrência de discordância com o sexo biológico.

Na perspectiva desses investigadores, a visão heteronormativa[11] prevalente seria conservadora por sustentar a tradição que prescreve a normalidade e a superioridade das pessoas cujo gênero converge com o sexo biológico (cisgênero) e que apresentam orientação heterossexual.

---

[10] ermo contemporâneo oriundo das ciências sociais que designa pessoas que não se identificam exclusivamente com um dos gêneros (masculino ou feminino).

[11] É um termo contemporâneo que designa o conjunto de normas sociais e culturais voltadas para o estabelecimento da cisgeneridade e heterossexualidade como modelos supostamente mais naturais e superiores na constituição de relações amorosas e configuração de núcleos familiares.

Essa compreensão quanto à formação da identidade de gênero tem gerado reações veementemente contrárias especialmente por parte de seguimentos religiosos que cunharam a expressão "ideologia de gênero"[12] para desqualificar o caráter epistemológico [13] dessa teoria.

Na verdade, segundo as três tradições religiosas monoteístas, Deus criou os seres humanos e os criou homem e mulher. Essa referência à criação humana, presente tanto na Bíblia quanto no Alcorão, tem sido interpretada por representantes do cristianismo, judaísmo e islamismo como o pilar sobre o qual se apoiam para combater a ideia de uma identidade de gênero que se constituiria evolutivamente no curso do desenvolvimento da personalidade.

Segundo a revelação divina presente nesses textos sagrados, o ser homem ou mulher seria uma de duas possibilidades imanentes e presentes desde o início da vida humana. Curiosamente, nem os autores bíblicos nem o profeta Muhammad apresentam os critérios que definem o que é ser homem ou ser mulher.

A alusão que talvez mais se aproxime de uma possível diferenciação essencial, se é que existe, seria a descrição da criação de Adão e Eva.

---

[12] Acredita-se que o termo "ideologia de gênero" apareceu pela primeira vez em 1998, em uma nota emitida pela Conferência Episcopal do Peru intitulada "Ideologia de gênero: seus perigos e alcances".

[13] Epistemologia refere-se ao estudo dos postulados e métodos dos diferentes campos do conhecimento científico, de seus paradigmas estruturantes e suas relações com a sociedade e a história; teoria da ciência.

Partindo de uma perspectiva simbólica da criação da humanidade, seria razoável atribuir ao homem um caráter mais telúrico e à mulher uma característica estruturante e protetora do que é essencial à vida[14]? Não sei, mas há duas questões que, na minha percepção, não deveríamos ignorar: primeiro, a consciência mítica não é ingênua; segundo, o *Homo sapiens* é também um animal sexuado mamífero, cujo instinto de preservação da espécie não deveria ser subestimado.

ESFORÇOS DE ADAPTAÇÃO

Seja como for, tentei me adaptar. Passado o choque da consciência da notícia sobre o gênero que me fora designado, entendi que não tinha outra alternativa senão aceitar. Compreendi que o fato de eu ter uma genitália feminina me incluía automaticamente nessa categoria. Porém, estranhamente, eu sabia que não era uma menina, sabia que não era a falta de um pênis que me definiria como menina e sabia com base numa experiência onto-genética[15] de ser que eu não conseguia explicar.

Lembro-me do meu pai, do meu irmão, dos meninos da rua, dos personagens masculinos das histórias que eu

---

[14] Segundo ambas as narrativas, o homem foi criado da terra e a mulher da costela do homem. As costelas têm por função oferecer um sítio protetor a órgãos vitais, como pulmões, coração e fígado.

[15] Em termos antropológicos, refere-se ao processo por meio do qual o ser humano incorpora a história de sua própria formação.

lia ou dos filmes que assistia. Eu os reconhecia... Sabia como se sentiam. Era como se o som de suas notas fizessem a corda[16] de que sou feito vibrar também. É tudo quanto consigo descrever... Afinação errada? Busquei ajuda, entretanto não fui bem sucedido. O autor do livro de Psicologia para o qual escrevi, quando era pré-adolescente, jamais me respondeu; o analista que procurei, quando tinha 31 anos, disse-me que, se eu procurasse um tratamento médico para minha condição, me amarraria ao pé da mesa e não permitiria. Para ele, eu era "dotada" de uma boa dose de *animus*[17] e não aceitava minha "homossexualidade".

O fato é que eu tinha 48 anos e a "verdade-de-mim" jamais me deixara. Apesar dos plausíveis questionamentos quanto à validade do modelo binário para compreensão de gênero, na prática, a humanidade continua se dividindo entre homens e mulheres. Contudo, de novo e novamente, quais são os critérios? Para macho e fêmea, sabemos todos. Todavia, parece que evoluímos mais que os animais...

O que nos define? Seja lá o que for, seja lá de onde venha, compõe o senso de identidade, como uma nota musical. Portanto, reside na "consciência do eu", expressa-se por meio da subjetividade, comunica-se não apenas pelo conteúdo, mas principalmente pela forma, explicitando-se na prosódia e no gestuário. Chega a imprimir sua marca no olhar, em toda a face, nas mãos, no organismo

---

[16] Quando duas cordas vizinhas de um violão estão afinadas na mesma nota, o simples dedilhar de uma faz vibrar a outra.

[17] Segundo Carl Gustav Jung (1875-1961), seriam características inconscientes que comporiam uma dimensão masculina da personalidade.

como um todo, compondo aquilo que Jaspers denomina fisiognomia.[18] Esclarece o filósofo que da disposição originária de um homem e de sua existência desdobra-se uma essência que não é possível separar em corpo e alma porque aos dois abrange.

A questão é quando e como essa identidade se estabelece. Quais serão os vetores de sua determinação? Como eles se articulam?

DESENVOLVIMENTO HUMANO

O campo do **desenvolvimento humano** concentra seus esforços no estudo científico dos processos sistemáticos de mudança e estabilidade que ocorrem no ser humano. Os desenvolvimentistas estão interessados nos aspectos que se transformam desde a concepção até a maturidade, bem como nas características que tendem a permanecer estáveis. Esses pesquisadores reconhecem que é um processo que dura toda a extensão da vida e, por esse motivo, trabalham a partir de um conceito conhecido como **desenvolvimento do ciclo de vida**. Assim, seus objetivos incluem descrever, explicar, prever e propor intervenções.

Desde seus primórdios, as pesquisas na área têm se caracterizado pela interdisciplinaridade, procurando

---

[18] JASPERS, 1979.

integrar conhecimentos e descobertas de uma ampla gama de disciplinas: Psicologia, Psiquiatria, Sociologia, Antropologia, Biologia, Genética, Educação, História e Medicina. Trata-se, portanto, de um trabalho de natureza investigativa voltado ao estudo de três principais domínios da pessoa humana: físico, cognitivo e psicossocial.

A produção acadêmica voltada à compreensão do desenvolvimento da identidade de gênero tem se baseado fundamentalmente na Biologia, na Perspectiva Evolucionista, na Psicanálise, na Ciência Cognitiva e na Aprendizagem Social.

Aqui estão as peças do quebra-cabeça que venho tentando montar. Eu sei que o entendimento do fenômeno não resolve minha vida, mas talvez – quem sabe? – diminua a angústia do caos.

UM PROPÓSITO

Negar quem somos em favor do que pensam, acreditam ou afirmam os outros é como engolir o choro: desumano. Lançando hoje um olhar retrospectivo sobre minha vida, entendo melhor muitas das dificuldades emocionais que vivi. Algumas delas não tinham nada a ver com questões de gênero. Antes, tinham a ver com submissão, com a negação de mim e seus inevitáveis efeitos colaterais: raiva e sentimentos de impotência.

Hoje, vejo claramente que nada pode ser tão invasivo e opressor quanto ter que aceitar, ser e viver a partir da expectativa alheia. É como renunciar à melodia única que poderíamos compor com aqueles com quem nos cabe conviver. Lembro-me que, numa certa tarde, estava em minha sala na coordenação do curso de Medicina, quando, depois de guardar alguns documentos e desligar o computador, dei-me conta do quão cansado eu me sentia. A secretária, dona Nivia, já havia ido embora e eu me encontrava sozinho, sentado, olhando para a janela. Eu não via o jardim. Meu olhar fixava-se nas diferentes imagens formadas pelas manchas deixadas pela água que respingara no vidro após a chuva.

Chegara à meia idade e estava exausto. No entanto, não era uma fadiga decorrente do trabalho, embora eu não tivesse o menor pendor para gestão. Estava cansado de tanto não viver minha vida. Recordo-me de ter sido tomado por uma vontade de ser eu mesmo e me expressar, por um desejo transcendente de abraçar minha verdade. A urgência de todos os tempos latejava em meu coração: precisava viver e me relacionar a partir da minha experiência subjetiva de mim mesmo, por mais difícil que isso viesse a ser.

Minhas leituras e reflexões daqueles últimos anos pareciam ter sido compostadas. Tornaram-se adubo onde sementes de tamareira esperavam. Da coragem de ser dependia a minha possibilidade de amar, de ir ao encontro do que eu elegera como um sentido maior para minha vida. Não me refiro aqui a paixão, atração sexual, gostar de algo ou de alguém. Essas experiências podem ser boas, agradáveis, prazerosas, contudo são muito pouco comparadas ao amor que eu desejava poder viver. Por que tal pretensão? Sou inteligente.

Analisando minha própria história, percebi que os momentos de felicidade que eu pude viver estavam intrinsicamente conectados ao amor que eu pude experimentar. Eis tudo!

Assim, eu almejava crescer em tudo aquilo que me levasse a amar mais e mais profundamente. Embora já vislumbrasse os grandes desafios implícitos, esse propósito me convencia. Entretanto, entendi que não se alcança essas cumeadas sem a liberdade interior de abraçar a própria identidade. É impossível! Começava a compreender melhor o pensamento de Erikson...

Erik Erikson (1902-1994) foi um psicanalista alemão que chegou a fazer parte do círculo de Sigmund Freud (1856-1939) em Viena. Sua contribuição ao estudo do desenvolvimento da personalidade enfatiza a perspectiva do ciclo de vida e a importância dos fatores sociais e culturais. Com base em suas observações e estudos, propôs uma teoria do desenvolvimento que abrange oito estágios.[19]

Cada estágio envolve uma crise na personalidade, um tema psicossocial particularmente importante naquela fase

---

[19] ERIKSON, E. *Infância e Sociedade*. Nova York: W. W. Norton & Company, 1950.

O MENINO QUE NÃO DEVERIA SER

e que, até certo ponto, continuará sendo relevante para o resto da vida. Chegar a bom termo, em cada etapa, levaria ao desenvolvimento de determinada virtude ou força.

Uma boa resolução habilitaria o indivíduo para lidar com as crises seguintes.

Segundo essa perspectiva, um dos principais desafios da idade adulta é o estabelecimento de intimidade, o desenvolvimento de verdadeiras conexões e compromissos com os outros. Todavia o aprofundamento nas relações afetivas e a coragem de misturar-se ou fundir-se com um outro dependeria da resolução dos conflitos relativos à própria identidade. O êxito em estabelecer intimidade levaria a uma força maior: o amor.

O amor... Eu aspirava ser suficientemente maduro para amar de verdade. Martin Buber (1878-1965) falara ao meu coração. Não podia fazer de conta que desconhecia as palavras daquele judeu hassídico. Ele é considerado o filósofo do diálogo por ter escrito um livro chamado *Eu e Tu*.[20]

Nessa obra, afirma Buber que há basicamente dois tipos de relação: a relação *eu-isso* e a relação *eu-tu*. A relação *eu-isso* é caracterizada pelos usos e utilidades; é o tipo de relação que se mantém apenas pela função que um tem na vida do outro. O que a sustenta é tão somente a necessidade de atender tal função. Já a relação *eu-tu*

---

[20] BUBER, M. *Eu e Tu*. Tradução do alemão, introdução e notas por Newton Aquiles Von Zuben. 10. ed. São Paulo: Centauro, 2001.

estabelece-se quando ocorre um **encontro** entre dois seres que "não estavam se procurando".

O autor explica que o amor é um acontecimento metapsíquico que só é possível no contexto desse **encontro**. Conclui afirmando que nós não possuímos o amor, antes o habitamos. O que experimentamos ter são apenas os sentimentos a ele associados.

O filósofo é contundente: o amor só se realiza entre duas presenças. Portanto, *não prescinde da totalidade de cada ser. O amor não divide, não classifica nem categoriza. Não é possível esconder uma parte de si, interditar aspectos da própria identidade e amar. Isso não é possível!*

Eu fazia, agia, trabalhava, estudava, atendia, lecionava, me relacionava com as pessoas, contudo era como se eu precisasse pagar pela minha existência. Eu tinha um sentimento de não poder desagradar o outro. Tinha uma necessidade enorme de me sentir aceito, medo de ser rejeitado. Temia que descobrissem que eu era uma farsa. Como poderia eu viver um verdadeiro **encontro** assim?

Eu não tinha me dado conta, mas o fato é que até então eu não sabia o que era ser amado por pessoas que soubessem exatamente quem eu era. Não é que não houvesse pessoas que me amassem. Eu sei do amor dos meus pais, dos meus irmãos e de outros bons corações que encontrei pelo caminho. Porém, eu só poderia me sentir amado como sou na certeza de me saber de fato conhecido pelo outro. Precisava dar-me a conhecer, resolver minhas questões de identidade e revelar-me.

Eu desejava conviver, entretanto a convivência, sem essa inteireza, me pesava. Eu não sabia do quanto eu precisava de um **encontro**, do quanto eu ansiava me reconhecer amado.

MUDANÇAS

Mudei-me para Brasília, após ter vivido 22 anos na cidade de São Paulo. Senti que fechara um ciclo da minha vida. Embora gozasse de prestígio profissional entre meus pares e do respeito de meus pacientes, encerrara-se meu tempo naquela cidade. Lembro-me que um ou dois anos antes, durante um dos festivais de inverno, meditava no jardim da pousada, em Campos do Jordão, sobre voltar para Brasília ou continuar em São Paulo.

Era uma adorável manhã de inverno, dessas que propiciam a agradável experiência de sentir o calor do sol aquecendo o corpo frio e o frio da brisa refrescando as maçãs do rosto quentes do sol. Lembro-me de ter olhado para o céu azul. Haveria mesmo um céu? Cresci sem duvidar. Nunca tivera motivos para não crer. E além do mais, sempre me parecera uma ideia muito consoladora.

Na verdade, a ciência não prova a existência de Deus, mas também não a refuta. Eu decidira acreditar como um esposo acredita na fidelidade de sua esposa. Até que haja evidências do contrário, acredita porque quer. E eu sempre quis.

"Eu sou aquele que é!", segundo as Sagradas Escrituras, assim apresentou-se Deus a Moisés quando conduzia Seu povo à terra prometida, ou seja, quando deixaram a estreiteza da escravidão em busca da amplitude da liberdade. Como poderia eu não querer crer num Deus que, em tais circunstâncias, assim se apresenta?

Pedi a Ele que me mostrasse o que eu deveria fazer. Eu tinha essa mania de terceirizar as decisões da minha vida. Compreensível... Eu passei anos sem qualificar minha experiência de mim. Seria muito natural que tivesse medo de fazer escolhas. "Ouvi" interiormente uma resposta inusitada, principalmente para alguém que pedia uma direção, e acho que por isso mesmo acreditei nela: *"Ama e faz o que você quiser. Escolhe você!"*. Deus parecia querer colocar em minhas mãos a responsabilidade de escolher meu próprio caminho. Típico dEle.

Decidi ir para onde seria mais útil. Não foi uma atitude virtuosa, digamos assim. Foi a "escolha" possível. A bem da verdade, eu precisava sentir que minha existência era importante e que eu faria diferença na vida das pessoas. Isso me tranquilizava e me ajudava a seguir em frente.

Fui aprovado no concurso para docente da Faculdade de Medicina da Universidade de Brasília. Ao mudar-me, tinha claro que estaria pondo uma pedra sobre a possibilidade de fazer qualquer tratamento para minha disforia de gênero.[21] Não havia um serviço especializado na capital

---

[21] Sinônimo de incongruência de gênero; refere-se ao desconforto ou mal-estar causado pela discrepância entre a identidade de gênero de uma pessoa e o gênero a ela atribuído no momento do nascimento.

federal, nem colegas com essa expertise. Tudo parecia apontar para "uma outra encarnação", se é que existe.

Fiquei na ponte aérea, indo e voltando de São Paulo semanalmente nos primeiros dois anos e quinzenalmente nos dois anos seguintes. No início, tinha até um certo glamour, embora eu sentisse, vez ou outra, a necessidade de explicar que eu não era parlamentar.

Enfim, estava levando uma vida muito cansativa e meu organismo acusava-me dos maus tratos. Mal curava-me da sinusite, atacava-me a gastrite, na sequência a esofagite, por esse declive a faringite e nova sinusite.

No final de 2011, resolvi que me mudaria definitivamente para Brasília e que diminuiria a frequência das minhas viagens.

UMA SURPRESA INESPERADA

Em meados de 2013, doutor Sérgio de Almeida veio à Faculdade de Medicina para apresentar uma palestra sobre sexualidade humana. Na verdade, antes de mudar-se para Brasília, fora docente da Faculdade de Medicina de São José do Rio Preto, onde integrara uma equipe interdisciplinar que atendia pacientes com incongruência de gênero.

Quando cheguei ao auditório, a palestra já havia começado. Fiquei muito impressionado em ver ali em Brasília um profissional com tanta experiência.

Já que "a montanha viera a Maomé", decidi que não poderia perder a oportunidade de consultá-lo sobre minha situação. Ao final da palestra, fui parabenizá-lo e pedir-lhe seu telefone. Infelizmente, o professor, ao completar 70 anos, tivera que se aposentar e decidiu que levaria o assunto a sério: não atendia mais. Dedicava seu tempo à família, aos amigos, a viagens, exercícios físicos, idiomas estrangeiros e leitura. Entretanto, alguns dias depois, vi-me sentado à frente dele, na sala de estar da minha casa.

Sérgio é um grande homem, tanto na estatura quanto na generosidade; de porte atlético, exercita-se diariamente e tem um corpo de fazer inveja a muitos jovens de 20 anos. Seu rosto também esconde a idade. Sua voz grave carrega uma certa formalidade misturada com a simplicidade das coisas-como-elas-são. Olhava-me atentamente e me senti à vontade para abrir-lhe meu coração.

A CONSULTA

Narrei toda a minha história a Sérgio, com o compromisso de não omitir, não aumentar nem diminuir nada. Mais, propus-me a ater-me aos fatos e fazer descrições, tomando o máximo de cuidado para não fazer interpretações. Queria minimizar qualquer possibilidade de influenciá-lo, se é que isso fosse possível... Precisava assegurar-me de estar ali apenas como paciente. Havia três fortes razões para isso: estava emocionalmente envolvido, não era especialista no assunto e, definitivamente, eu precisava acertar no encaminhamento daquela situação.

Disse-lhe que eu não tinha qualquer constrangimento com meu dorso, glúteos e pernas, mas que as mamas e os genitais me deixavam envergonhado como um ladrão de galinhas pego em flagrante.

Na medida em que eu ia contando fatos e nomeando meus sentimentos, dava-me conta de meus sofrimentos. Eu costumava ser bastante competente em passar por cima de minhas dores. Aprendi que não havia o que fazer. Tinha que conviver com elas. A quem reclamaria? O que faria? Acostumei-me tanto que, por inúmeras vezes, cheguei a me perguntar por que razão estaria eu triste.

Meu amável interlocutor questionou-me se sempre tivera aquele constrangimento. Voltei à minha infância. Lembrei-me de que não trocava de roupa perto de minhas amiguinhas. Na adolescência, não gostava de piscina nem de praia porque eu detestava vestir biquíni. Na verdade, desde que minhas mamas cresceram, não houve sequer um dia que tenha me despido sem desconforto, mesmo sozinho.

Uma recordação emergiu subitamente: jogava pelada em frente à minha casa. Dominei a bola e devolvi-a elegantemente. O primo de meu vizinho que a lançou a mim disse-me que não poderia mais jogar futebol porque não poderia mais matar a bola no peito. Eu tinha 11 anos e minhas mamas irrompiam no meu tórax. Vi-me menino, ouvindo aquela voz que ecoaria desde então.

Sérgio, após escutar-me atentamente, disse-me, olhando em meus olhos: *"Você não é uma mulher homossexual! Você é um homem transgênero. Uma mulher homossexual identifica-se perfeitamente com seu corpo feminino e se sente confortável na intimidade com outra mulher"*.

A bem da verdade, eu sabia de tudo aquilo, ou de quase tudo, porém precisava ouvir de um especialista.

Como eu estava diante de um pesquisador, perguntei-lhe se havia algum tipo de psicoterapia que eu pudesse fazer para livrar-me daquele constrangimento e sentir-me confortável na intimidade. Ele me disse o que eu até então conhecia.

Não havia tratamento psicológico nem farmacológico. *"Como é impossível mudar o cérebro, o que a medicina preconiza para uma disforia de gênero como a sua é o tratamento de adequação física à identidade. Há protocolos estabelecidos pela World Professional Association for Transgender Health [Associação Mundial de Profissionais para Saúde Transgênero]. O tratamento flui num processo que permite ao paciente identificar as mudanças necessárias e suficientes para se sentir 'representado' pelo seu corpo. Algumas pessoas fazem o tratamento completo de redesignação sexual, outras vão até certo ponto e param. Tudo depende de como a pessoa vai se sentindo ao longo da transição"*.

"Como assim? Quem define a proposta terapêutica é o paciente?", interpelei incrédulo. Para um médico isso soa bastante estranho. Os pacientes nos procuram exata-

mente porque precisam de alguém que entenda de seus sofrimentos e conheça o caminho que conduz à saúde.

Aquela forma de encaminhamento parecia mais um tratamento cosmiátrico ou estético...

Fiquei um tanto quanto perplexo porque, na verdade, meu sofrimento diante da incongruência de gênero e as restrições impostas à minha vida eram, para mim, mais que suficientes para que eu considerasse aquela condição um problema de saúde, um transtorno, um fenômeno de natureza patológica mesmo.

"Na realidade, nem todas as pessoas que apresentam variabilidade de gênero[22] sofrem de disforia de gênero. A questão da patologização das transidentidades tem sido alvo de inúmeros debates. O tema é bastante complexo e polêmico", respondeu meu amigo.

Fiquei completamente surpreso. Quase estupefato. *"Como alguém pode ter uma identidade de gênero divergente de seu sexo biológico e não sofrer intimamente com isso?"*. Na nossa cultura? Eu era perfeitamente capaz de entender que uma pessoa tivesse um apreço estético ou tendência a comportamentos culturalmente atribuídos ao sexo oposto e não sofresse senão pelos preconceitos sociais. Para ser bem franco, eu sempre admirei a capacidade humana de se diferenciar da massa, de romper com as expectativas e transgredir convenções arbitrariamente

---

[22] Refere-se ao grau em que a identidade, o papel ou a expressão de gênero difere das normas culturais prescritas para pessoas de um determinado sexo.

estabelecidas. Mas isso é bem diferente de não encontrar-se em seu próprio corpo.

Não sei de meu semblante, porém imagino e entendo perfeitamente que, ao final de quase duas horas, ele tenha disparado: *"Você vai entender melhor se entrar no site. O endereço é wpath.org. Lá você vai achar os standards of care".* [23]

Não contive minha curiosidade, peguei meu *smartphone* e lá estava. Eu não sabia que havia uma associação mundial de profissionais voltados a esse tema tão delicado, nem tampouco que existem normas de atenção preconizadas em protocolos. Uau! Que incrível! Repentinamente, pareceu-me que minha solidão fora subtraída.

Ao ouvir aquelas palavras e ver o *site*, senti-me diante de uma porta mágica que se abrira deixando entrar a luz do sol. Eu fiquei tomado por uma sensação difícil de descrever... O medo arrefecera. Era como se tivesse passado a vida inteira preso num espaço restrito e agora tivesse a coragem de sair... Minha terra prometida, onde eu poderia ser eu mesmo...

Sérgio expressava um leve sorriso e parecia querer ler em meu rosto o que eu calava. Olhei-o de volta e tive a sensação de que ele esperava, sem qualquer pressa, que eu dissesse algo. Sentia-me diferente. Apesar de não

---

[23] A versão em português das normas de atenção da WPATH podem ser encontradas em: https://www.wpath.org/media/cms/Documents/SOC%20v7/ SOC%20V7_Portuguese.pdf.

entender direito como faria aquele percurso, soube ali que o faria porque havia esperança naquele horizonte.

Pensei ouvir passos e olhei rapidamente para a porta. Havia um mundo desconhecido após aquele umbral, contudo era um mundo onde eu esperava por mim.

INFÂNCIA

Raiva: foi esse o sentimento. A lembrança mais precoce que tenho é justamente de uma situação na qual senti raiva.

Íamos à casa de uma tia que residia próximo a nós. Sentia-me bem, tranquilamente sentado no antebraço fletido de meu pai, quando, de repente, minha mãe tentou colocar uma fralda na minha cabeça.

Naquele tempo, a queda de temperatura entre o final da tarde e o início da noite era conhecida, pelas mães, avós e tias, como "sereno". Elas achavam que, se cobrissem nossas cabeças, protegeriam-nos do dito cujo e nós, bebês daqueles idos, não ficaríamos resfriados. Como ninguém se deu ao trabalho de me explicar aquele fenômeno meteorológico, rejeitei terminantemente aquele pano em mim. Por incrível que pareça, eu me lembro muito bem das minhas razões: eu vira, no quintal de casa, umas senhoras que lavavam roupa e colocavam as peças brancas para quarar. Elas usavam lenços na cabeça.

Não sei dizer ao certo em que exato ponto estava a minha recusa em parecer-me com elas. Já pensei nesse episódio como a primeira expressão consciente da minha discordância de gênero, entretanto há outros aspectos pelos quais eu possa ter me incomodado.

Lembro-me de vê-las na lida... Eu não as conhecia, mas apareciam com certa frequência. Elas eram bem magrinhas. Uma delas tinha a aparência bem envelhecida, provavelmente pela falta de dentes. Recordo-me que as observava atentamente, escondido atrás da janela da cozinha. Não trocavam palavra, apenas trabalhavam. Talvez aquela tenha sido a primeira vez na qual eu tenha testemunhado o quão dura pode ser a vida: o sol era inclemente.

Mais recentemente, comentei aquela ocasião com minha mãe e ela ficou chocada com a minha memória. *"Como é que você se recorda disso? Você era tão pequeno...".* Ela falou-me das lavadeiras e confirmou que eu não aceitava fralda ou qualquer pano em cima da minha cabeça. Disse-me que, quando comecei a falar, justificava-me dizendo simplesmente que era "feio".

Curiosamente, uma professora de Psicologia e pesquisadora do desenvolvimento humano da Universidade de Wisconsin-Madison chamada Diane Papalia relata, no livro *Desenvolvimento Humano*, publicado em 2017, haver evidências científicas de que bebês entre 9 e 12 meses já conseguem distinguir a diferença entre faces masculinas e femininas, aparentemente com base no cabelo e no vestuário.

Se meu desgosto com a proposta da fralda na cabeça deve-se à recusa em identificar-me com o gênero feminino ou com o que vim eu a interpretar daquela cena, não sei.

UMA FILHA AMADA

Naquela época não existia ultrassonografia e só se conhecia o sexo do bebê após o parto. Meu nascimento foi motivo de grande alegria para meus pais: a bênção encarnada em uma criança que lhes comunicava a incomensurável dignidade de seus seres e o profundo sentido do encontro havido entre eles.

Inequivocamente minha chegada como menina foi recebida por ambos com muita alegria e gratidão.

Meu nome cumpriu uma promessa que minha mãe fizera a Nossa Senhora das Graças, quando ela mesma, ainda criança, suplicou-lhe um auxílio tão importante e grave que, até os dias de hoje, permanece assunto do mais absoluto sigilo, cuidadosamente guardado entre elas.

Usei roupinhas que foram compradas ou ganhadas para uma garotinha: a primogênita daquele jovem casal que inaugurava comigo o sonho de constituir uma família.

Naturalmente, não posso falar muito mais sobre as contingências de minha concepção ou nascimento, todavia trago em meu ser a consciência de ter vindo a esse mundo para amar e ser amado. De onde viria essa convicção tão profunda senão das circunstâncias que engendraram minha existência?

DISMORFISMO SEXUAL CEREBRAL

Naquela conversa minha mãe me contou que, numa das primeiras vezes que me levou ao pediatra, ele, após medir meu perímetro cefálico, disse: *"Engraçado, essa menina tem cabeça de menino..."*. Eu perguntei se ele usara exatamente aquela expressão. Ela anuiu com a cabeça e acrescentou que se lembrava perfeitamente bem daquela consulta. Pôs-se mais séria e, olhando-me nos olhos, jurou que jamais revelou isso a ninguém, nem a meu pai, porque não queria que aquela informação pudesse exercer qualquer influência sobre minha criação.

Coincidência ou não, John Gilmore, um psiquiatra da Universidade da Carolina do Norte, publicou um trabalho científico em 2007 sobre *dismorfismo sexual cerebral*.[24] Em suas pesquisas com neuroimagem, verificou que o cérebro de meninos é aproximadamente 10% maior que o das

---

[24] Diferenciação que se inicia no período pré-natal entre o cérebro masculino e feminino.

meninas já desde o nascimento, basicamente às custas de massa cinzenta, porém perde em conexões sinápticas. [25]

Em 2011, Antonio Guillamon e colaboradores publicaram no *Journal of Psychiatric Research* uma pesquisa na qual foram avaliados 18 homens transgênero virgens de tratamento hormonal, 24 homens e 19 mulheres heterossexuais. [26] Os sujeitos do estudo submeteram-se a uma avaliação cerebral por meio de uma técnica específica de ressonância magnética. Os resultados mostraram que o fascículo longitudinal superior, o fórceps menor e o trato corticoespinhal eram estatisticamente significantes maiores nos homens que nas mulheres.

Nos homens transgênero, verificou-se maior similaridade com os padrões de indivíduos com quem compartilhavam a identidade de gênero (homens) do que com aqueles com quem compartilhavam o sexo biológico (mulheres). Apenas o trato corticoespinhal mostrou diferença estatisticamente significante em relação a ambos os controles (homens e mulheres). Em outras palavras, essa estrutura apresentou-se estatisticamente significante maior que nas mulheres e estatisticamente significante menor

---

[25] GILMORE, J. H.; LIN, W.; PRASTAWA, M. W.; LOONEY, C. B.; VETSA, Y. S.; KNICKMEYER, R. C.; EVANS, D. D.; SMITH, J. K.; HAMER, R. M.; LIEBERMAN, J. A.; GERIG, G. Regional gray matter growth, sexual dimorphism, and cerebral asymmetry in the neonatal brain. *Journal of Neuroscience*, v. 27, n. 6, p. 1255-60, Feb. 2007.

[26] RAMETTI, G.; CARRILLO, B.; GÓMEZ-GIL, E.; JUNQUE, C.; SEGOVIA, S.; GOMEZ, A.; GUILLAMON, A. White matter microstructure in female to male transsexuals before cross-sex hormonal treatment. A diffusion tensor imaging study. *Journal of Psychiatric Research*, v. 45, n. 2, p. 199-204, Feb. 2011.

que nos homens. Os autores concluem afirmando que os resultados encontrados proveem evidências de que há diferenças inerentes na arquitetura cerebral de homens transgênero.

O SUSTENTÁVEL PESO DO SER

Eu sei do desconforto que muitas pessoas sentem quando o tema relativo a diferenças morfológicas no encéfalo entre os gêneros é aventado. Tenho também ciência do profundo mal-estar que experimentam diante de artigos científicos sobre características biológicas específicas em pessoas transgênero.

Não obstante, eu não poderia, num livro como este, omitir essas informações até porque eu preciso contar meu alívio diante desses dados. Lembro-me bem do impacto da notícia. Uma voz interior exclamou: "Eu sabia!". Foi como se meu corpo, que até então "insistia em me desmentir", passasse a validar, em algum nível, a historicidade da minha percepção.

A hipótese da contribuição do meu organismo na constituição da minha identidade promoveu uma tal conexão que despertou em mim o desejo de abraçar--me. A consciência daquela perspectiva inaugurou, de alguma maneira, a integração que se completaria nos anos seguintes.

Contudo, eu sei que esse é, de fato, um tema delicado, sobretudo àqueles que contestam a inclusão da Incongruência de Gênero na Classificação Estatística Internacional de Doenças e Problemas Relacionados com a Saúde, a famosa CID-11.

O achado de características morfofuncionais particulares em indivíduos transgênero poderia constituir-se em um caminho para identificação de marcadores biológicos que, no paradigma biomédico, aumentariam a validade diagnóstica dessa condição.

Aqui reside o vórtice de um debate epistemológico bastante acirrado entre as diferentes disciplinas que se debruçam sobre essa questão.

A VERDADE? ONDE ESTÁ A VERDADE?

Os cientistas sociais compreendem gênero como uma construção inteiramente cultural. Na visão desses pesquisadores, o corpo biológico não teria qualquer protagonismo, salvo mostrar à sociedade em que direção educar o filhote de *Homo sapiens*.

Nesse sentido, há, entre suas fileiras, teóricos que defendem que a redesignação sexual é, na verdade, uma necessidade determinada pelos preconceitos sociais introjetados naqueles que procuram adequar-se ao padrão cisheteronormativo.

Conforme essa visão, com a evolução do processo de humanização, chegará o dia em que haverá homens do sexo feminino, com aparelho reprodutor e caracteres sexuais correspondentes, sem qualquer necessidade de tratamento de afirmação de gênero porque estarão inseridos numa cultura que acolherá normalmente a eventualidade dessa variabilidade. Os bebês deixarão de nascer exclusivamente de mães porque dar à luz será também uma possibilidade paterna, sem espantos por parte de quem quer que seja.

Assim, à semelhança do que ocorreu com a homossexualidade, a Incongruência de Gênero deixaria de figurar como problema de saúde na próxima revisão da CID e, diferentemente do que ocorre com o sexo, que seria uma característica categorial (masculino ou feminino), a identidade de gênero se consolidaria como um atributo dimensional, havendo um *continuum* de possibilidades de expressão, onde se sentir definitivamente homem ou mulher ocuparia os extremos desse espectro.

Os simpatizantes dessa teoria militam socialmente e politicamente para que essa rubrica diagnóstica deixe de existir e ceda lugar à "transgeneridade", um fenômeno de natureza cultural, que, num exercício de futurologia, provavelmente levaria ao esmaecimento das diferenças nos papéis de gênero, levando, segundo Mireya Suarez (comunicação pessoal), à extinção, por absoluta desnecessidade, do movimento feminista.

Nesse vasto e heterogêneo campo das Ciências Humanas, há também os adeptos da Teoria Queer que, alternativamente, preconizam a desconstrução dos conceitos de gênero e sexo, atribuindo-lhes um caráter performático que se oporia a qualquer noção de essencialidade e estabilidade na constituição da identidade. Por outro lado, há, na arena desse acalorado debate, aqueles que igualmente repudiam a existência de tal diagnóstico, porém movidos por aspectos ideológicos completamente distintos. Segundo a opinião formada por esse entendimento, aquele que se identifica como transgênero padece de algum distúrbio de natureza delirante como, por exemplo, o transtorno dismórfico corporal.[27]

Esses segmentos se recusam à ideia de bebês machos ou fêmeas. Em seu modo de ver, todo ser humano nasce menina ou menino e, com o desenvolvimento da personalidade, tornam-se mulheres ou homens. Em outras palavras, o sexo seria um fato absolutamente determinante e estaria constitucionalmente implicado na formação da identidade feminina ou masculina.

Assim, essa pessoa deveria submeter-se a algum tratamento psiquiátrico ou psicológico para buscar aceitar e conviver com o fato de ser quem é. Intervenções físicas (cirúrgicas ou hormonais) seriam um grave erro porque

---

[27] Segundo a Associação Psiquiátrica Americana, trata-se de uma apreensão com um defeito imaginado na aparência. Se alguma anomalia física está presente, a preocupação da pessoa é claramente excessiva. Essa condição associa-se a sofrimento clinicamente significativo ou prejuízo funcional, causando dificuldade na socialização ou problemas de saúde.

equivaleria a confirmar os sintomas de sua insanidade em lugar de tratá-la.

Como é possível verificar, embora concordem quanto ao fim da Incongruência de Gênero, como entidade clínica, são, na realidade, representantes de concepções completamente antagônicas, vindo, de fato, a protagonizar um embate político-social profundamente polarizado.

E EU COM ISSO?

Como médico e psiquiatra que sou, confesso ter certa dificuldade em compreender tanta antipatia ao diagnóstico. Obviamente, eu não ignoro o estigma e o preconceito social contra as pessoas que sofrem de algum transtorno mental, e mesmo contra quem as trata, mas, não será esse o verdadeiro absurdo? A ignomínia a ser combatida?

Será que não haverá qualquer relação entre o cérebro e a cognição, os comportamentos ou sentimentos? Será que não existe associação entre os neurônios e a subjetividade? Como órgão do corpo humano, terá ele um padrão de funcionamento fisiológico? Como isso se expressaria? À semelhança dos demais sistemas do organismo, existiriam variações em sua função? Será que alguma possível variação poderia se expressar como uma característica pouco adaptativa? Ou em outras palavras: será que haveria alterações em sua fisiologia que poderiam resultar em dor psíquica e restrições aos potenciais de desenvolvimento e expansão da vida do indivíduo?

Se assim for, quem poderia condenar impunemente aquele que procura cura ou alívio para seu sofrimento? Quem poderia, em sã consciência, sentir-se no direito de atacar aqueles que decidiram buscar qualificação para tentar ajudar?

Nessa fascinante especialidade há 30 anos, tive tempo suficiente para perceber o extraordinário valor das pessoas que se confiam a nossos cuidados. Na verdade, muitos pacientes que tive a honra de atender estão entre os melhores seres humanos que já conheci na vida. Por isso sei quão equivocados estão aqueles que julgam mal quem reconhece sua fragilidade, sua impotência e, humildemente e inteligentemente, pedem ajuda.

Por esses motivos, em minha opinião, os anteriores Transtornos da Identidade Sexual, classificados no capítulo dos transtornos mentais, e a atual Incongruência de *Gênero, classificada no capítulo sobre a saúde sexual, não são problemas em si mesmos.* Pelo contrário, tem sido graças à existência dessas rubricas diagnósticas que os tratamentos de afirmação/confirmação de gênero ou redesignação sexual foram e são possíveis a milhares de pessoas ao redor do mundo. Os planos de saúde, em diversos países, custearam e custeiam essas despesas médicas, apenas e tão somente, porque esse é um diagnóstico assim reconhecido pela Organização Mundial da Saúde.

O Sistema Único de Saúde do Brasil somente se ocupa das necessidades específicas da população trans por isso.

No dia em que o excruciante sofrimento psíquico e as inúmeras restrições à vida social, afetiva e profissional (para não falar nas comorbidades psiquiátricas e médicas em geral) associados à divergência entre identidade de gênero e sexo biológico deixar de ser um diagnóstico, quem tiver dinheiro para pagar endocrinologistas, urologistas e cirurgiões plásticos fará seu tratamento "estético"; quem não tiver, seguirá entregue à própria sorte.

Portanto, como profissional da saúde, eu acho que todas as vozes que defendem o fim da existência da Incongruência de Gênero não estão levando em consideração as pessoas transgênero que precisam de um diagnóstico médico para terem acesso a tratamento.

Não por outra razão, os mais atentos têm defendido a tese da inclusão da "transgeneridade" nas futuras revisões da CID como uma condição que, apesar de não apresentar qualquer caráter patológico, demandaria atenção e cuidados em saúde, como é, por exemplo, o caso da gestação.

Esse debate que certamente ainda seguirá polêmico não se resume a questões científicas, epistemológicas ou relativas à validação das síndromes clínicas. É mais complexo que isso. Há, na realidade, outros interesses envolvidos. O academicismo, a política e a religião têm (seja pela vaidade intelectual, pelo poder ou pelas convicções de fé) seus fiéis e aguerridos representantes.

Apesar desses conflitos, ou antes, até por causa deles, como pesquisador, considero-nos *Homo sapiens* em marcha, num caminho inexoravelmente evolutivo que certamente nos levará a patamares humanos mais elevados.

Nesse sentido, vejo, em ambos os polos, atores de um processo dialético como, aliás, parece ser natural na história do desenvolvimento desta nossa errante e humana espécie.

No entanto, como transgênero, suplico um olhar mais benigno para o fato de haver dissensos em torno de uma questão tão complexa como essa. Quem poderia imaginar ou querer que a inquietude própria do ser humano sofresse uma espécie de paralisia e deixasse de impulsioná-lo à procura de revoluções? E seria possível supor ausência de reações de representantes da tradição diante de uma tal proposta transgressora? Se é verdade, como ensina Nilton Bonder (1957-), e eu concordo, que não existe evolução sem ruptura com a tradição, também é verdade que só é possível ascender um degrau apoiado no anterior.

O embate de concepções não é apenas importante, é absolutamente necessário, mas a beligerância não, as ofensas não. A ruidosa violência que se volta contra o opositor ou, pior, contra nós, subtrai-nos a paz necessária à cura da disforia e a paz que cura, no nosso caso, é libertadora porque nos deixa fluir.

ENQUANTO CAMINHA A HUMANIDADE...

Em *A Alma Imoral*, Bonder conta uma história tocante. Uma pobre mulher procura um rabino para mostrar-lhe uma galinha e perguntar-lhe se ela poderia prepará-la para seus filhos. O rabino leva a ave para seu gabinete e abre o Talmude.[28] Olha para a galinha e olha para os livros, olha para os livros e olha para a galinha. Após o tempo necessário à formação de seu juízo, chama sua esposa e pede-lhe que entregue o animal à senhora que o trouxe e comunique-lhe que ela não pode cozinhar aquela galinha. A ciosa companheira cumpre seu papel e vai ao encontro da necessitada. Olha para a pobre mulher e olha para a galinha, olha para a galinha e olha para a mulher, e diz: *"Pode cozinhar a galinha!"*.

Quando retorna à casa, seu marido a recrimina, afirmando que não foi aquela a resposta dele. Pergunta-lhe, então, por que razão ela disse à pobre mulher que poderia cozinhar a galinha. A esposa, a meu ver, feminina demais para se deixar enganar pelas ideias, responde: *"Você olhou para os livros e olhou para a galinha, olhou para a galinha e olhou para os livros; eu olhei para a mulher e olhei para a galinha, olhei para a galinha e olhei para a mulher e disse: pode cozinhar a galinha!"*.

---

[28] O Talmude é um conjunto de livros que reúne textos sagrados da religião judaica; registram-se discussões rabínicas sobre a história do judaísmo, costumes, ética e lei. É um texto central para o judaísmo rabínico.

Essa é, sem dúvida, uma história de compaixão. E a compaixão não se prende a abstrações. Seu objeto é sempre concreto, é a pessoa com seu sofrimento, seja ela quem for, seja ele qual for.

Em meu caso, em particular, a Disforia de Gênero deixou de existir. Fiz as cirurgias de redesignação sexual e sigo usando a testosterona necessária à minha saúde.

Contudo, antes de assumir o diagnóstico que abriu-me as portas à cura, fiz aproximadamente 20 anos de psicoterapia. Submeti-me a diferentes linhas: psicanálise, psicologia analítica, logoterapia e terapia analítico-comportamental.

Tive vários episódios depressivos que me levaram a tomar diferentes medicamentos: antidepressivos, ansiolíticos e hipnóticos.

Nenhum desses tratamentos (psiquiátrico e psicoterápico) ajudou-me com a incongruência de gênero. Assim foi que, vencido pela dor, abracei a exclusiva possibilidade terapêutica disponível: o tratamento de afirmação de gênero, tal qual proposto pela Medicina.

Somente posso falar do que vivi e vivo. O fato é que a compaixão alcançou-me por meio dos profissionais de saúde que me compreenderam e me acolheram sob seus cuidados.

Gabriel emergiu graças a eles e à coragem de Graça, que sofreu "as dores de seu parto". Se meu diagnóstico era psiquiátrico ou neurológico ou sexual não me importa absolutamente. Se fui curado de mim mesmo, tanto melhor. Para mim, nada disso tem qualquer relevância diante da bênção de me sentir existencialmente confortável sob minha própria pele.

Quanto ao meu valor como pessoa? Eu sei!

ATIVIDADE MOTORA

Certa feita, à mesa, dona Mara, uma amável senhora que trabalhava em minha casa, aos finais de semana, comentava o quanto seus filhos se mexeram em seu útero. Enquanto ela servia um pouco mais de café a minha mãe, virei-me e perguntei à ilustre hóspede qual de nós três se movimentara mais. Ouvi em tom quase acusatório que fui eu. *"Mais que o Marcelo?"*, indaguei surpreso. De fato, conforme adverte Temkin,[29] a crença segundo a qual fetos masculinos são mais ativos que os femininos data da Antiguidade.

Ela, após tomar um gole de café excessivamente tinto para o meu gosto, respondeu que bem mais. Ofereci-lhe mais um pãozinho de queijo com tal inconsciente mesura que ela, sorrindo, não perdeu a oportunidade: *"Não adianta querer se redimir agora"*.

Rimos e ela, com a xícara na mão, continuou: *"Você não sabe como é mágico sentir um filho vivo dentro da gente"*.

---

[29] TEMKIN, O. *Soranus' Gynecology*. Baltimore: Johns Hopkins University Press, 1991.

Molhei meu pão com manteiga no café, como costumava fazer quando era criança, enquanto observava minha mãe. A rapidez da resposta dela fez-me pensar no viés de memória, fenômeno descrito pelo método científico epidemiológico que se caracteriza por uma tendência em se recordar mais informações relativas a situações atípicas comparativamente àquelas que não fogem do habitual.

Realmente, segundo atestam os pesquisadores Campbell e Eaton[30] e Eaton e Enns[31], o fato de os meninos serem, em média, fisicamente mais ativos que as meninas é a principal característica comportamental diferencial entre os gêneros na infância, já desde o primeiro ano de vida.

Lembrei-me do trato corticoespinhal e mordi meu pedaço de pão.

FOLGUEDOS INFANTIS E EMOÇÕES BÁSICAS

Há também uma outra situação da qual me recordo: vejo-me parado à porta de dona Tereza. Ela era nossa vizinha e mãe de quatro meninos com os quais eu costumava brincar na rua. Fui pedir para morar lá, mas ela e o esposo riam tanto que não conseguiram me responder

---

[30] CAMPBELL, D.; EATON, W. Sex di erences in the activity level of infants. *Infant and Child Development*, v. 8, p. 1–17, 1999.

[31] EATON, W.; ENNS, L. Sex di erences in human motor activity level. *Psychological Bulletin*, v. 100, p. 19–28, 1986.

antes do resgate. Como eu tivesse por volta de 3 anos de idade, voltei para casa sem entender qual era a graça.

Conversando com minha mãe sobre isso, ela, em meio a um indisfarçável e nostálgico sorriso, disse-me que eu ficara bravo com uma reprimenda. O fato é que eu vivia de barriga ralada porque pulava a janela e descia raspando pela parede. Minha mãe tentava me disciplinar e eu não conseguia entender porque meu legítimo desejo de brincar com meus amiguinhos tinha que ficar sob o controle da vontade dela.

Na verdade, ignorávamos o que Lisa Serbin, professora de Psicologia na Universidade de Concordia, no Canadá, veio a publicar em 2001.[32] Lisa demonstrou em suas pesquisas que uma das primeiras diferenças entre meninos e meninas aparece entre 1 e 2 anos e consiste na preferência por brinquedos, brincadeiras e amiguinhos do mesmo sexo. Talvez por isso eu tenha resolvido que ir morar naquela casa cheia de meninos seria mais interessante.

Quando penso nesses dois episódios, acho curioso que a raiva esteja registrada em meu cérebro como a primeira emoção da qual me recordo. Mais interessante ainda que tenha desempenhado um papel tão efetivo na minha assertividade infantil. Digo-o porque eu acho que deveria ter sentido mais raiva ao longo da minha vida.

---

[32] SERBIN, L. A.; POULIN-DUBOIS, D.; COLBURNE, K. A.; SEN, M.; EICHS-TEDT, J. A. Gender stereotyping in infancy: Visual preferences for knowledge of gender-stereotyped toys in the second year. *International Journal of Behavioral Development*, v. 25, p. 7-15, 2001.

Recordo-me de ter passado por algumas situações que muito justamente desencadeariam sentimentos de ira no mais nobre dos mortais. E eu lá, com aquela fleugma de fazer inveja ao budista mais asceta. Acho que muitos dos meus sofrimentos teriam sido evitados ou mitigados se eu tivesse sido capaz de me indignar mais.

A raiva é uma emoção muito mal interpretada. Dizem por aí que não é civilizada. E não é mesmo: é anterior à civilização. Ela em si não é boa nem má. Não pode ser julgada. Desconhece o mundo da ética, da estética e da etiqueta social. É uma emoção que se experimenta quando se sente que um bem individual ou coletivo foi subtraído por outrem. Portanto, é uma experiência emocional que catalisa uma reação necessária à sobrevivência. Por isso se mantém parte do repertório emocional humano. Bem-aventurado aquele que a domina como um cavaleiro seu garanhão porque há conquistas que não se alcançam com paciência. Há delas que só se realizam diante do olhar furioso de um justo.

Eu tenho um sonho secreto que trago desde a infância: queria ser um cavaleiro, daqueles sagrados por uma rainha ou um lorde. Teria meu cavalo, uma armadura prateada e uma espada de aço.

Contudo, a realidade é todo-poderosa e o fato é que eu sempre fui dotado de uma paciência in-fi-ni-ta, quase patológica. Por diversas vezes, perguntei-me por onde andaria minha raiva. Se não seria muito mais saudável "empunhar minha espada" que aguardar pacientemente pelo "dia do Senhor". Não sei se teria sido mais bem sucedido, todavia acredito que teria passado com mais dignidade por várias situações ofensivas. Certamente teria cuidado melhor de minha autoestima.

Em decorrência dessa e de outras dificuldades, fiz vários *workshops* de desenvolvimento pessoal. Sempre havia, em algum momento, um exercício para acessar e expressar raiva. Lembro-me de uma dessas vivências: os facilitadores dividiram o grupo em duas metades e, após uma atividade que tinha o objetivo de favorecer o acesso a essa emoção mais básica, dividiram a sala ao meio, com uma linha no chão, e colocaram cada grupo em sua respectiva metade. O exercício consistia em expressar toda a raiva que pudéssemos sentir para os participantes do outro grupo.

Eu nunca recebi tantas ofensas na minha vida. Pessoas com sangue nos olhos me olhavam enfurecidas. Quando eu me vi naquela situação, desatei a rir e raiva mesmo que era bom, nada. A muito custo, controlei meu riso e tentei dizer também alguns desaforos. Fiquei bastante embaraçado porque além de não entrar no espírito da coisa, possivelmente atrapalhei alguém que estivesse tentando mais que eu.

O CHOQUE DA NOTÍCIA

A segunda lembrança que tenho, quanto a essa questão de gênero, refere-se à percepção de um indício perturbador. Eu estava na casa de minha tia Aidê que, por unânime opinião, sempre foi da mais exímia competência nas artes culinárias.

Em dado momento, movido por uma curiosidade gastronômica, resolvi ver o que minha tia estava cozinhando no fogão. Como minha altura não permitisse, abri a tampa do forno e, sem pestanejar, subi em cima.

Não me recordo do fantástico e apoteótico clímax daquela travessura, contudo lembro bem que minha mãe e minha tia me consolavam ternamente quando eu, de olhos molhados, passei o dedo indicador da mãozinha direita num bocado de pasta espalhado em meu pequeno tórax queimado para cobrir com o maior cuidado o mamilo esquerdo.

Esse gesto infantil de reparação comoveu ainda mais o coração de minha tia que instou minha mãe a atentar ao ato. Não me vêm à consciência suas exatas palavras, mas seria possível ter eu entendido que viria a ter mamas?

Tenho claro registro do quão preocupado fiquei porque provavelmente, àquela altura, já formara algum conceito de gênero e, embora pouquíssimo soubesse sobre as mulheres, essa informação eu tinha.

Pensando hoje sobre esses acontecimentos e memórias, parece-me que, se ninguém tivesse me contado nada, eu não teria vivido o menor conflito de identidade: menino e ponto.

Entretanto, a notícia de que eu era socialmente reconhecido como uma menina não tardou. Jamais me esquecerei daquela experiência...

Havia uma personagem de novela de televisão que usava a camisa aberta até a altura do estômago. Talvez fosse o galã da história, disso não me lembro bem. Porém recordo-me que, para imitá-lo, eu usava minha camisa da mesma forma.

Minha tia, incomodada, disse-me que eu era uma menina e que meninas não usavam a camisa aberta daquele jeito. Aidê, sem o saber, foi a porta-voz da sociedade e suas prescrições. Fui informado sobre quem eu era e como deveria ser. Não caberia a mim apresentar-me ao mundo. Meu papel já estava definido. Cumpria-me aprendê-lo e desempenhá-lo.

Lembro-me vivamente, como se fosse ontem, da tristeza que senti com aquelas palavras. Fiquei sem reação. O olhar parado, atravessava tudo e não se fixava em nada. Foi como se uma porta dessas de correr, que se abrem para cima, se fechasse, para baixo, para sempre. Creio que tinha algo em torno de 3 a 5 anos de idade. Foi a primeira vez que minha vaidade de menino foi reprimida. Eu não podia ser como me sentia, nem como me parecia mais confortável ou como me alegrasse mais. Não era permitido. Isso ficou muito claro para mim.

AMOR DE PAIS

Felizmente, muito felizmente, em meu lar, eu podia ser eu, podia expressar meus gostos, sem problemas nem rejeições. Desde que pude opinar, demonstrava minha preferência por shorts, camisetas e calças compridas.

Graças a Deus, meu pais foram sensíveis. Não me lembro de minha mãe ou meu pai terem me obrigado a usar uma roupa que não me agradasse. Ao perceberem que eu não gostava de brincar de bonecas, pararam de presentear-me com elas e, para minha sorte, nunca cheguei a ganhar uma Barbie. Não me lembro de sentir que os estivesse desagradando.

Adorava jogar futebol com os meninos na rua e, modéstia à parte, acho que jogava bem. Meus pais deixavam. Não me proibiam de jogar porque sei que minha alegria de criança lhes era mais significativa e importante que possíveis, mas improváveis, olhares maldosos da vizinhança.

Na realidade, é importante ressaltar que nossos vizinhos eram pessoas muito simples, trabalhadoras, gente de muito valor e coragem que haviam deixado suas cidades de origem para construir uma nova capital. Todos imigrantes e pioneiros. Sabiam do peso da vida, conheciam a alegria de encontrar um lugar onde pudessem criar seus filhos. Talvez, por isso, não se incomodassem que eu também pudesse estar ali procurando meu lugar naquele mundo.

Pelo menos, eu nunca soube que algum deles se referisse a mim como uma criança estranha...

Quando paro para considerar a forma como meus pais me tratavam, fico comovido. Meu pai era um homem doce e amável. Os registros que tenho dele, nesses meus primeiros anos de vida, são de pura aceitação, acolhimento e amor. Ele conseguiu fazer com que eu sentisse que o simples fato de eu existir em sua vida fosse motivo da mais completa alegria.

Aos sábados, passeávamos. Ele trabalhava no Jardim Zoológico e frequentemente me levava lá para ver os bichos e balançar no parque de diversão. Nós não tínhamos carro, então íamos a pé mesmo. Lembro-me do orgulho que senti quando consegui atravessar sozinho, pela primeira vez, uma ponte formada por um largo tronco de madeira que jazia sobre um pequeno riacho. Ao lançar-lhe meu olhar triunfante encontrei seu sorriso que nos felicitava, a mim e a ele, por nossa coragem.

Lembro-me de contemplar as árvores, o sol, os sulcos no chão cavados pelos muitos pés de crianças que se divertiam naquele balanço. Eu era feliz.

Inúmeras vezes, ouvi minha mãe contar sorrindo que eu imitava meu pai em tudo. Se ele colocava a mão na testa como uma viseira para proteger-se do sol, eu fazia igual. Se eventualmente ele cuspisse no chão, enquanto andávamos na terra batida, eu cuspia também.

Perguntei a ela quantos anos eu tinha; sem titubear, respondeu-me que desde os 2 anos e acrescentou uma informação importante: "*Eu achava a coisa mais bonitinha*".

TEORIA DE KOHLBERG

Aparentemente, minha história não seria um bom exemplo para a Teoria Cognitivo-desenvolvimental de Lawrence Kohlberg. Segundo o autor, o *conhecimento de gênero* precede o *comportamento de gênero*. As crianças estariam ativamente atentas aos indícios sobre o gênero com o qual se espera que se identifiquem. Assim sendo, na medida em que o fossem percebendo, adotariam os comportamentos coerentes com ser menina ou menino.

Nessa perspectiva, eu deveria ter preferido bonecas porque, ao ver minhas coleguinhas entretidas com esse brinquedo, concluiria que deveria preferi-las à bola por ser coerente com ser uma garotinha.

Todavia, para ser bem honesto com Kohlberg, eu não me lembro de ter brincado com meninas senão mais tarde, a partir dos 7 ou 8 anos...

Na verdade, a primeira lembrança que tenho de ter me aproximado de uma menina foi absolutamente frustrante. Fui rejeitado e fiquei muito triste. Até então, desfrutava da feliz experiência de ser querido, bem-vindo, porém logo entendi que nem sempre o seria. Às vezes, faço a fantasia de que Suzana – acho que era esse o nome dela – me achava estranho. Mas realmente não sei. Ela parecia ser uma criança solitária. Nunca a vi brincando com ninguém. Recordo-me apenas de ter ido contente ao encontro dela, no alto da rua onde morava, e ter sido claramente rejeitado. Ela não quis falar comigo. Simplesmente entrou em casa e não me lembro de tê-la visto outra vez... Aquela experiência infantil – eu devia ter algo ao redor de 4 ou 5 anos – mostrou-me que minha companhia nem sempre seria apreciada. Após aquele evento, eu olhei calado na direção da casa dela incontáveis vezes e a ninguém via. Era uma cena triste: uma criança tentando entender sozinha um casebre de madeira onde habitava outra criança e cuja porta jamais se abria. E o pior é que eu nunca entendi por que.

Certamente deveria haver outras meninas de minha idade na vizinhança, contudo, exceto por minha pequena e disfórica vizinha, eu não me recordo de mais ninguém...

Mas, voltemos a Kohlberg. Segundo a visão dele, a aquisição dos papéis de gênero dependeria da **constância de gênero**, ou seja, a percepção que a criança tem de que seu gênero não mudará. De acordo com essa perspectiva, quando as crianças chegam a essa conclusão, elas se sentem motivadas a apresentar comportamentos condizentes com seu gênero.

A constância de gênero desenvolver-se-ia em três estágios: *identidade de gênero* (consciência do próprio gênero e do gênero dos outros que normalmente ocorreria entre 2 e 3 anos); *estabilidade de gênero* (consciência de que o gênero não muda; entretanto, nesta fase, as crianças parecem basear seus julgamentos em aspectos superficiais como vestuário, por exemplo) e *consistência de gênero* (percepção de que uma menina permanece menina mesmo se ela tiver cabelo curto e brincar com caminhões e meninos seguem sendo meninos ainda que usem brincos – normalmente ocorreria entre os 3 e 7 anos).

De fato, conforme minha mãe, por volta dos meus 2 anos, eu já apresentava comportamentos de imitação em relação a meu pai. Não me recordo exatamente de minha idade, mas até hoje, lançando um olhar introspectivo, sou capaz de reconhecer vivamente um sentimento de alegria, segurança e orgulho por ser filho dele. Parece-me, apenas parece-me, haver uma remota lembrança de, em algum momento longínquo, querer ser como ele...

Em seu braço, não queria as fraldas na cabeça. Seriam lenços de mulher? Eu sabia que as lavadeiras não eram meninos...

Esses fatos parecem corroborar a ideia de que naquela idade eu já formara uma consciência de meu gênero e do gênero dos outros.

A oposição de tia Aidê à minha camisa, cuja abertura no peito imitava o vestuário de um galã da época; minha tristeza; a porta que se fechava para sempre. Estava eu experimentando a dor da *estabilidade de gênero*?

Minhas preferências pela bola, pelos shorts e camisetas, pelas brincadeiras de meninos... Eu não parava para pensar, tão somente respondia aos pronomes femininos. Não quero ser dramático, mas não posso omitir que vivi na minha infância um dos maiores sofrimentos que uma criança pode experimentar: aprender a ser segundo as aparências.

Essa perda paulatina da espontaneidade natural, da expressão essencial de uma criança cobraria seu preço.

TEORIA DO ESQUEMA DE GÊNERO

Uma abordagem muito semelhante à anterior é a **Teoria do Esquema de Gênero**. Seus teóricos (Sandra Bem, Carol Lynn Martin e Charles Harverson) igualmente propõem que as crianças extraem ativamente conhecimento sobre gênero de seu ambiente social antes de iniciar o comportamento típico de gênero, mas num âmbito mais amplo, num contexto cultural.

Segundo os autores, os esquemas de gênero promoveriam os estereótipos de gênero.

Entretanto, há poucas evidências de que isso realmente aconteça assim ou que a criança altamente tipificada sinta pressão para se conformar.[33]

---

[33] YUNGER, J. L.; CARVER, P. R.; PERRY, D. G. Does Gender Identity Influence Children's Psychological Well-Being? *Developmental Psychology*, v. 40, n. 4, p. 572–582, 2004.

As abordagens cognitivas deram uma importante contribuição, explorando o modo como as crianças pensam sobre gênero e o que elas sabem em diversas idades.

No entanto, essas perspectivas não explicam eficientemente o vínculo entre conhecimento e conduta. Há desacordos exatamente sobre os mecanismos que induzem a criança a representar os papéis de gênero e por que algumas tornam-se mais tipificadas do que outras. [34]

CHARLES DARWIN E A SELEÇÃO SEXUAL

A Teoria da Seleção Sexual de Darwin, incorporadas as contribuições de estudiosos contemporâneos, propõe um modelo explicativo que pode auxiliar na compreensão de muitos dos conflitos relacionados à ideia de gênero e sua divisão entre feminino e masculino.

Antes de mais nada, é importante ressaltar que, se por um lado a existência de tal teoria se presta à explicação de muitas das características fenotípicas e comportamentais entre mulheres e homens e na forma como escolhem seus parceiros sexuais, por outro, não se pretende suficiente para abranger a complexidades desses fenômenos.

Antes de adentrar mais especificamente na Teoria da Seleção Sexual, seria importante contextualizarmos

---

[34] BUSSEY, K.; BANDURA, A. Self-regulatory mechanisms governing gender development. *Child Development*, v. 63, n. 5, p. 1236–1250, 1992.

melhor onde tal teoria se inscreve dentro do sistema teórico proposto por Darwin e Wallace.

Em primeiro lugar, a *Teoria da Evolução* assume como fato a ideia científica de que as espécies de seres vivos modificaram-se efetivamente com o passar do tempo geológico; em segundo lugar, essa teoria tem um caráter gradual, na medida em que incorpora a ideia de um processo de transformação das espécies que é lento, progressivo e que continua a ocorrer hoje tal como no passado; em terceiro, engloba uma *Teoria da Origem Comum*, ou seja, a tese robustamente confirmada segundo a qual as diferentes espécies compartilham ancestrais comuns, possuem uma relação de parentesco; em quarto lugar, inclui uma *Teoria da Especiação Populacional* que considera que certas populações de uma espécie podem se transformar em uma espécie nova; e, finalmente, que a *Teoria da Seleção Natural* baseia-se nos mecanismos que estão envolvidos nas transformações das espécies, a partir da sobrevivência diferenciada decorrente das variações entre os indivíduos da população em um dado ambiente.

Aqui é fundamental deixar claro que essa evolução, tal qual proposta por Darwin, não é um fenômeno individual, mas populacional. Nessa perspectiva, a um indivíduo aplica-se o conceito de desenvolvimento, como fenômeno no qual o organismo vai adquirindo características como dentes, massa muscular, mamas, capacidades intelectivas e linguagem.

As populações, no léxico biológico, constituem as espécies. A evolução se dá no decorrer do tempo geológico – portanto em centenas de milhares, dezenas de milhões, bilhões de anos – ensejando mudanças na aparência e capacidades.

Ao contrário do que se possa pensar, a mudança não é necessariamente para melhor, mas ocorre principalmente no sentido da **variabilidade dos descendentes**.

A seleção natural se encarregaria de garantir a permanência dos caracteres que conferem vantagem na luta pela vida, seja em nível molecular, celular, anatômico ou em termos de capacidades e habilidades. Portanto, a variabilidade encontrada entre os indivíduos são anteriores à ação da seleção natural.

E aqui vem um aspecto central na contribuição de Darwin para nossa reflexão: as variações são aleatórias e inerentes ao processo de reprodução sexuada.

É precisamente nesse contexto que se inscreve a Teoria da Seleção Sexual. Há características que aparentemente não conferem qualquer vantagem na luta pela vida, por exemplo, a cauda dos pavões, as magníficas cores das penas de certas aves, os cantos de várias espécies de pássaros, o brilho dos besouros ou o desenho nas asas das borboletas.

Para Darwin, características como essas têm a única finalidade de atrair o sexo oposto, num comportamento de corte, para garantir a procriação e a continuidade da genética dos "enamorados". Seriam, assim, caracteres que tenderiam a ser naturalmente selecionados por conferirem vantagem na relação do indivíduo com seus pares, particularmente com aqueles com os quais pode interagir e garantir a perpetuação da espécie.

A ideia de considerar a possibilidade da contribuição da Teoria da Seleção Sexual na compreensão da variabilidade de gênero no ser humano decorre do fato de sermos também mamíferos que se reproduzem sexuadamente.

A pergunta é: quais comportamentos humanos teriam sido naturalmente selecionados por conferirem uma maior vantagem reprodutiva? Seria possível considerá-los a parte sociobiológica daquilo que se denomina gênero?

Se a resposta for afirmativa, os papéis de gênero deveriam apresentar alguns aspectos de caráter universal e resistentes a mudanças. Segundo um estudo que Wood e Eagly publicaram em 2002, no *Psychological Bulletin*, haveria algumas características em favor dessa hipótese: em todas as culturas, as mulheres tendem a ser as cuidadoras primárias dos filhos, embora em algumas sociedades as responsabilidades com a prole sejam compartilhadas com o pai ou outras pessoas.

Se considerarmos as pressões reprodutivas que nossos ancestrais enfrentaram, quanto mais amplamente um homem conseguir "espalhar sua semente", maiores as chances de garantir a continuidade de sua genética. Portanto, os homens estariam biologicamente inclinados a buscar um maior número de parceiras, tenderiam a valorizar a coragem física porque lhes conferiria vantagens na competição por companheiras, por controle de recursos e posição social (poder, portanto) que as mulheres, movidas pela necessidade de segurança para cuidar de sua prole, estariam mais predispostas a valorizar.

Outra característica que também parece estar inserida nesse contexto seria a tendência das mulheres (de um modo geral, é claro) a serem mais carinhosas e atenciosas que os homens.

Assim, segundo a Teoria da Seleção Sexual, a competitividade e agressividade tendencialmente mais comuns nos homens e o cuidado físico e emocional mais prevalentes nas mulheres desenvolver-se-iam durante a infância como preparação para esses papéis adultos.

Alguns autores acreditam que as brincadeiras de luta mais frequentes entre meninos e a preferência das meninas por brincar de mamãe seriam, em parte, determinados geneticamente.

Outra característica relevante é que, no cuidado dos filhos, as mulheres geralmente priorizam os interesses dos filhos em detrimento das delas. Isso parece estar associado a uma maior capacidade das meninas em relação aos meninos em controlar seus impulsos.

FREUD E A INVEJA DO PÊNIS

Segundo a perspectiva psicanalítica, o desenvolvimento da personalidade se constitui a partir de forças inconscientes que estariam na raiz do comportamento humano.

Freud identificou que o *Homo sapiens* nasce com instintos biológicos que precisam ser adequadamente direcionados num processo de humanização que possibilite a adaptação do indivíduo à vida em sociedade.

Para tanto, haveria que se alcançar um equilíbrio entre três instâncias psíquicas idealizadas por ele: o *id*, que operaria segundo o princípio do prazer e determinaria a busca da satisfação de necessidades e desejos imediatos; o *superego*, que traduzir-se-ia no conjunto de regras e valores sociais incorporados à consciência; e o *ego*, que, sob o princípio da realidade, seria a razão gestora dos conflitos estabelecidos entre os impulsos do *id* e as prescrições do *superego*.

Nesse sentido, com base em uma compreensão mais ampla do que seria a energia libidinal nos primeiros anos de vida, Freud supôs conflitos inconscientes que seriam característicos de cinco fases distintas que se sucederiam, conforme a migração da libido infantil determinada pelo processo maturacional do organismo, constituindo o que foi por ele denominado **desenvolvimento psicossexual.**

Na primeira, a satisfação e o contentamento estariam predominantemente relacionados à alimentação e, por isso, foi chamada de **fase oral**. À medida que a criança desenvolver-se-ia, a eliminação de excrementos passaria a ser objeto de maior atenção, fonte de prazer pela possibilidade crescente de controle ou frustração a depender das reações dos pais e/ou cuidadores mais próximos. Foi por isso designada **fase anal**. Na sequência, viria a **fase fálica**, quando o comportamento que seria a principal fonte de gratificação ou punição passaria às sensações associadas aos estímulos dos órgãos genitais.

Nessa etapa, na segunda infância, ocorreria um evento fundamental: os meninos desenvolveriam um apego (qualificado por Freud como sexual) pelas mães, ao mesmo tempo em que expressariam maior agressividade pelo pai, percebendo-o como rival. Esse evento foi denominado *Complexo de Édipo* e se daria entre os 3 e 6 anos, podendo eventualmente ocorrer mais precocemente.

Segundo essa hipótese, com o passar do tempo, os garotos "resolveriam" esse conflito de alguma maneira, passando a identificar-se com o genitor do mesmo sexo e evoluindo para a **fase de latência** na terceira infância, na qual outros interesses ganhariam maior relevância: estudos, *hobbies*, práticas esportivas, etc.

Da adolescência em diante, viria a **fase genital**, na qual se esperaria, sobretudo na Viena do século XIX, que o indivíduo encaminhasse seus impulsos sexuais para pessoas do sexo oposto fora da família de origem.

Quanto ao psiquismo feminino, Freud, após 30 anos ouvindo e estudando a alma feminina, formulou a famosa pergunta: "Afinal, o que querem as mulheres?".

Segundo Kramer, um dos biógrafos mais reconhecidos do pai da Psicanálise, a indagação lançada à posteridade foi fruto do reconhecimento de Freud de sua incapacidade de analisar corretamente uma de suas pacientes.[35]

Ida Bauer contava com 15 anos quando procurou doutor Freud em virtude de acessos de tosse nervosa e dificuldades para falar. Freud atribuiu os sintomas dela ao assédio sexual de um conhecido da família associado ao sentimento de desamparo pela incapacidade do pai em protegê-la. Até aí, tudo muito bem. O problema surgiu quando ela ouviu que a afasia e o nervosismo dela eram decorrentes de seu desejo sexual inconsciente pelo molestador. E mais: era precisamente a resistência em assumi-lo que geraria seus sintomas, configurando, para Freud, um claro processo histérico. Senhorita Bauer indignou-se com a interpretação de seu psicanalista e simplesmente abandonou o tratamento.

Informa-nos o biógrafo que Ida Bauer teria sido curada posteriormente após enfrentar o próprio pai. Freud humildemente aceitou os fatos e talvez tenha compreendido que ela, mais do que ele, conseguiu entender seus sofrimentos e, ainda que inconscientemente, fez o que era necessário para sarar.

---

[35] KRAMER, P. *Freud*: inventor of the Modern Mind. New York: Eminent Lives, 2006.

Além de todas as interpretações sobre o que Freud teria querido dizer com a frase, várias têm sido as tentativas de responder à pergunta. [36]

Seja como for, a expressão **processo de identificação**, e o que possa haver nele de inconsciente, faz um enorme sentido para mim porque quando dei por mim já era um garotinho.

Fico imaginando o que pensaria Freud sobre um pequeno ser humano do sexo feminino que se identificou com o progenitor do sexo oposto...

Seria eu a prova viva de sua teoria acerca da inveja inconsciente que as meninas sentem do pênis?

Segundo essa teoria, essa suposta inveja seria estruturante na constituição da subjetividade feminina que, após elaborar o conflito, passaria ao desejo do que não lhe pertence, direcionando seu interesse sexual pelos homens. Por essa ótica, seria o psiquismo da mulher marcado, e de certo modo definido, por essa "falta no corpo".

Estivéssemos Freud e eu fumando um charuto, após o jantar, será que ouviria dele que perturbações na resolução desse conflito poderiam, de alguma maneira, ter contribuído para meu processo de identificação com meu pai?

Eu redarguiria com um pergunta: "Como poderia eu sentir uma inveja tão poderosa e tão 'concreta' de algo que eu não sabia que existia?". De fato, pelas minhas lembranças, quando me senti identificado com o gênero

---

[36] BARBOSA, L. Afinal, o que querem as mulheres? *Psicologia Clínica*, v. 23, n. 1, p. 33-46, 2011.

masculino, pela primeira vez, por volta dos 2 anos de idade ou pouco mais, eu não sabia da existência de diferenças entre as genitálias. Naquela época, os pais não tomavam banho com seus filhos...

Creio tê-lo descoberto quando meu irmão nasceu. Eu contava então com 3 anos. Não me recordo de me sentir mal, porém algo surpreso, como alguém que descobre uma novidade insuspeita. Revisitando minhas memórias, parece-me que assimilei como uma diferença entre nós. Apenas isso...

Por outro lado, recordo-me perfeitamente bem dos ciúmes que eu senti ao presenciar a alegria da minha mãe quando o tinha nos braços ou brincava com ele. Lembro de ter me sentido preterido... Contudo, acho que nunca atribuí aquela felicidade ao fato dele ter um pênis. Pelo menos não conscientemente.

Essa questão do falo veio a se tornar um problema quando entrei na adolescência. Sua ausência associada ao surgimento das mamas e mudança no padrão de distribuição da gordura corporal configurou um corpo no qual eu não me reconhecia. Ali recordo-me de ter sentido uma inveja consciente dos rapazes...

Doutor Freud, após uma baforada, examinaria seu charuto e talvez me dissesse: "Às vezes, meu amigo, um charuto é apenas um charuto!".

ABORDAGEM DA APRENDIZAGEM SOCIAL

Segundo Walter Mischel, teórico da Aprendizagem Social tradicional, as crianças adquiririam os papéis de gênero imitando modelos e sendo recompensadas por isso. De acordo com essa visão, as crianças geralmente escolhem os modelos que veem como poderosos ou atenciosos. Na grande maioria das vezes, um dos pais, geralmente do mesmo sexo.

Contudo, as crianças também têm seus comportamentos modelados por outros adultos ou crianças mais velhas. Assim, a reação de seu ambiente social próximo, aliada aos ensinamentos diretos dos pais e de outros adultos, tenderia a reforçar a tipificação de gênero.

Um garotinho que estivesse modelando seu comportamento de acordo com o pai, seria reforçado a fazê-lo por estar agindo como um menino.

Nessa abordagem, o comportamento de gênero precede o conhecimento de gênero.

Entretanto, vários estudos têm questionado o poder da modelagem do mesmo sexo como o vetor responsável pelas diferenças de gênero.

Um psicólogo e professor da Universidade de Stanford, Albert Bandura, apresenta uma teoria que seria uma expansão da Teoria da Aprendizagem Social: a Teoria Social Cognitiva. [37]

Segundo essa perspetiva ampliada, a observação propicia um grande aprendizado sobre os comportamentos socialmente típicos de gênero antes de realizá-los.

As crianças podem integrar os múltiplos modelos observados e gerar seu padrão próprio de comportamentos de gênero.

Para esses teóricos, a socialização – o modo como uma criança interpreta e internaliza experiências com pais, professores, colegas e instituições culturais – desempenha um papel central no desenvolvimento do gênero, desde a primeira infância, mesmo antes, portanto, da compreensão consciente de gênero. De acordo com Bussey e Bandura, uma parte substancial da passagem do controle socialmente orientado para a autorregulação do comportamento relacionado ao gênero pode ocorrer entre os 3 e 4 anos de idade. [38]

Os autores dividem as influências na tipificação de gênero em três âmbitos:

---

[37] BUSSEY, K.; BANDURA, A. Social cognitive theory of gender development and differentiation. *Psychological Review*, v. 106, n. 4, p. 676–713, 1999.

[38] BUSSEY, K.; BANDURA, A. Self-regulatory mechanisms governing gender development. *Child Development*, v. 63, n. 5, p. 1236–1250, 1992.

INFLUÊNCIAS FAMILIARES

A experiência na família parece reforçar as preferências e atitudes típicas do gênero. Parece porque é difícil separar a influência genética dos pais da influência do ambiente que eles criam. Além disso, os pais podem estar respondendo ao comportamento típico de gênero mais do que o encorajando propriamente.

Há estudos que sugerem que os meninos tendem a ser mais acentuadamente socializados por gênero nas brincadeiras do que as meninas. Os pais (progenitor do sexo masculino) parecem demonstrar mais desconforto se o menino brincar de boneca do que a menina brincar de caminhão. [39]

Um dado interessante é que o papel do pai na socialização de gênero parece ser especialmente importante. [40]

As meninas parecem ter mais liberdade para escolher roupas, jogos e colegas. [41]

Em um estudo observacional com crianças de 4 anos em cidades britânicas e húngaras, meninos e meninas cujos pais faziam trabalhos domésticos e cuidavam das crianças tinham menos consciência dos estereótipos de gênero e se

---

[39] SANDNABBA, N. K.; Ahlberg, C. Parents' attitudes and expectations about children's cross-gender behavior. *Sex Roles: A Journal of Research*, v. 40, n. 3-4, p. 249–263, 1999.

[40] FAGOT, B. I.; LEINBACH, M. D. Gender knowledge in egalitarian and traditional families. *Sex Roles: A Journal of Research*, v. 32, n. 7-8, p. 513–526, 1995.

[41] MIEDZIAN, Myriam. *Boys wil be boys*. 1. ed. New York: Doubleday, 1991. 337 p.

envolviam menos em brincadeiras tipificadas por gênero do que seus pares em famílias mais tipificadas. [4245]

INFLUÊNCIAS DOS COLEGAS

Mesmo na segunda infância, o grupo de colegas é uma influência importante na tipificação de gênero. A partir dos 3 anos, as crianças em geral brincam em grupos segregados por sexo, que reforçam os comportamentos tipificados. De fato, as crianças que brincam com grupos de mesmo sexo parecem ser mais tipíficas do que crianças que não o fazem. [43]

Nessa idade as brincadeiras são mais fortemente influenciadas pelos colegas do que por modelos que as crianças veem em casa. [44] Entretanto, segundo Bandura, as atitudes dos pares e dos pais reforçam umas às outras.

---

[42] TURNER, P. J.; GERVAI, J. A multidimensional study of gender typing in pres-chool children and their parents: Personality, attitudes, preferences, behavior, and cultural differences. *Developmental Psychology*, v. 31, n. 5, p. 759–772, 1995.

[43] MACCOBY, E. E. Parenting effects: Issues and controversies. *In*: BORKOWSKI, J. G.; RAMEY, S. L.; BRISTOL-POWER, M. (ed.). *Parenting and the child's world*: Influences on academic, intellectual, and social-emotional development. Mahwah: Lawrence Erlbaum Associates, 2002. p. 35–46.

[44] TURNER, P. J.; GERVAI, J. A multidimensional study of gender typing in pres-chool children and their parents: Personality, attitudes, preferences, behavior, and cultural differences. *Developmental Psychology*, v. 31, n. 5, p. 759–772, 1995.

INFLUÊNCIAS CULTURAIS

A televisão é uma mídia importante na transmissão de atitudes culturais em relação ao gênero. A Teoria da Aprendizagem Social prevê que as crianças que veem muita televisão ficarão mais tipificadas por gênero ao imitarem os modelos estereotipados que aparecem na tela. Evidências impressionantes, nesse sentido, surgiram de um experimento natural realizado em várias cidades canadenses com acesso à transmissão de programas de televisão pela primeira vez. Crianças que tinham atitudes relativamente pouco estereotipadas apresentaram um aumento acentuado em comportamentos tradicionalmente atribuídos a um ou outro gênero nos dois anos subsequentes. [45]

Com efeito, essa abordagem inclui em seu modelo uma gama maior e mais complexa de processos ensejando um campo mais variado para a expressão das diversidades encontradas na cultura.

Mas algumas perguntas permanecem em busca de resposta: quais são os aspectos no ambiente familiar ou entre os pares que promovem a tipificação de gênero? O ambiente social trata meninos e meninas diferentemente porque são diferentes ou porque a cultura diz que devem ser diferentes? O tratamento diferencial produz ou reflete as diferenças de gênero? Há uma relação bidirecional?

---

[45] KIMBALL, B. A. The Training of Teachers, the Study of Education, and the Liberal Disciplines. *Educational Theory*, v. 36, n. 1, p. 15-21, 1986.

O MOVIMENTO E A SOBREVIVÊNCIA

Quando, em alguma palestra, pergunto às pessoas sobre o que as faz sentir homem ou mulher, deparo-me, por alguns breves instantes, com um surpreendente esforço introspectivo. Movimentos oculares aleatórios parecem indicar a procura interior de uma resposta que deveria estar bem ali, ao alcance da língua. Entretanto, curiosamente, não está.

Graças ao quase disfarçável desconcerto, aparecem as primeiras respostas, tímidas, um tanto quanto interrogativas, relativas àqueles conhecimentos básicos de biologia aprendidos no ensino fundamental.

A dificuldade em responder a algo tão próprio faz-me pensar se não seria esse um processo de identificação pré-verbal.

A memória, essa fascinante função neuropsicológica responsável por armazenar todas as informações, habilidades e comportamentos aprendidos no decorrer da vida pode ser dividida em *implícita* ou *não declarativa* e *explícita* ou *declarativa*. A primeira está relacionada ao desenvolvimento de habilidades motoras ou perceptivas às quais a consciência não tem acesso, enquanto a segunda corresponde ao conhecimento sobre fatos ou eventos acessíveis à consciência.

Portanto, a dificuldade em acessar as informações relativas à percepção das representações associadas à identidade de gênero pode indicar que seu desenvolvimento e consolidação dão-se em nível de memória *não declarativa*.

Uma das subdivisões da memória *não declarativa* é o aprendizado associativo. Nessa modalidade, no condicionamento operante ou instrumental, o indivíduo aprende a associar uma resposta, um ato motor, a um estímulo significativo, geralmente uma recompensa. As memórias declarativas correspondem a todas as informações que conseguimos verbalizar. Isto é, todos os registros que conscientemente conseguimos evocar. Por exemplo, a capital de um dado país ou um evento ocorrido como a festa de casamento de um amigo.

Por outro lado, as memórias não declarativas são divididas em diversas categorias. A mais importante é a memória procedural, associada a hábitos, habilidades e comportamentos. Aprendemos e continuamos a andar porque essa aprendizagem está incorporada às circuitarias neurais associadas a esse tipo de memória.

Hoje, avaliando as peculiaridades do meu desenvolvimento, à luz dos estudos e perspectivas teóricas sobre identidade de gênero, penso haver um elo de conexão entre as abordagens biológica e psicossociais: o movimento e o instinto de sobrevivência.

O fato de meninos, na média, movimentarem-se mais que as meninas e as evidências quanto ao trato cortico-espinhal de homens transgênero ser significativamente maior que o de mulheres heterossexuais podem apontar para a possibilidade da participação da motricidade em meu processo de identificação com meu pai.

O movimento talvez seja uma das primeiras "experiências de si" porque dá-se numa perspectiva ecológica, isto é, em relação com outros corpos que se movimentam no espaço de constituição da consciência do eu e sua identidade.

Como se, ao observar uma coreografia humana, o pequeno dançarino, ainda preso à sua imaturidade cerebral, pudesse se encantar com as possibilidades de sua expressão e se sentir atraído ao ritmo dos movimentos que mais se adequaria à amplitude de seus impulsos.

Assim, talvez haja a participação de uma "pressão cinestésica" que atraia e atue em favor da identificação com um ou outro gênero.

Por outro lado, parece-me significativa, na formação da identidade de gênero, uma possível associação entre o grau de tipificação de gênero dos pais ou cuidadores e a ansiedade infantil associada à necessidade de reasseguramento quanto a receber os cuidados básicos fundamentais à sobrevivência.

A prole humana é frágil, vulnerável, carente dos cuidados parentais para sobreviver, particularmente na primeira infância. A principal "tarefa" do bebê é sobreviver e, em relação, passar pelo processo de amadurecimento cerebral e constituir sua vida psíquica na qual se insere "a consciência do eu". Tal consciência vai se estabelecendo na relação com tudo que se lhe opõe resistência, vai assim propiciando a discriminação entre o "eu" e o "fora de mim" ou objeto, no léxico fenomenológico. Nesse início de vida, os objetos mais relevantes vêm a ser fundamentalmente mãe, pai ou quem lhes faça as vezes.

Se a criança não se sentir suficientemente segura, poderia desenvolver uma identidade de gênero complementar ao cuidador percebido como principal? Se, na fantasia infantil, o bebê sentir necessidade de proteger uma figura parental percebida como frágil, sendo esta altamente tipificada, poderia se identificar com o gênero oposto para aumentar suas chances de garantir a própria sobrevivência? Se a criança vier a "concluir" que somente alguém de gênero complementar poderia realizar tal tarefa, seria essa conclusão uma contingência modeladora do próprio gênero? Obviamente se houver algo de verdade nessa hipótese, trata-se de processos muito primitivos e inconscientes.

Curiosamente, tenho observado os pais de alguns pacientes transgênero e tenho percebido em alguns uma tipificação de gênero significativamente marcante.

UM IRMÃO PARA AMAR E BATER

Não me lembro de minha mãe grávida de Marcelo nem tampouco da chegada dele em casa. Mas, com certeza, devo ter sentido todos os ciúmes do mundo.

Lembro-me dele com aproximadamente 2 anos e era um menino maravilhosamente lindo. Escrevendo agora sobre ele, experimento toda a ternura que um coração humano é capaz de suportar.

A beleza do olhar inocente de uma criança é arrebatadora e recordo-me vivamente daquele par de olhos miúdos dirigidos a mim.

Uma noite, brincávamos de pular em cima da cama de nossos pais e eu, propositadamente, pulei em cima do bracinho dele.

Pobrezinho do meu irmão, contava com apenas 1 ano e 8 meses. Começou a chorar intensamente e, apesar de meus esforços para tentar acalmá-lo, ele não parava. Minha mãe logo chegou ao quarto para ver o que havia acontecido. Lembro-me de ter tentando explicar que estávamos brincando e que eu caíra em cima do braço dele. Obviamente eu não imaginava que lhe quebraria o braço, contudo até hoje me sinto mal quando me lembro daquele acontecimento.

No dia seguinte, tive a desfaçatez de exibi-lo com o bracinho engessado para nossos amiguinhos que, até então, nunca tinham visto semelhante fenômeno.

Eu contava com 4 anos e 10 meses... Até hoje não sei se meu irmãozinho chorou apenas pela dor da fratura ou se incluído estava o ressentimento com quem deveria tê-lo protegido.

O fato é que Marcelo e eu brigamos muito até a adolescência, tanto verbalmente quanto fisicamente. Durante nossas lutas, inúmeras vezes, quebramos um vaso que enfeitava a mesa de jantar.

O som produzido pela queda arrancava-nos da escaramuça como por encanto. Rapidamente surgia uma solidariedade e capacidade de cooperação indescritíveis. Refazíamos o vaso, colando cuidadosamente cada pedacinho e, após recolocá-lo em seu lugar, corríamos para o banho para esperar nossos pais chegarem do trabalho.

Eles chegavam e nos encontravam banhados e aptos para o jantar. Entre uma colherada e outra, observávamos o vaso, entreolhávamo-nos e, cúmplices, felicitávamo-nos silenciosamente pelo sucesso da operação realizada.

Nem sei dizer ao certo quantas vezes reparamos aquele vaso... Certamente, colávamos ali nosso vínculo que, com o passar dos anos, tornou-se inquebrantável.

UMA IRMÃ PARA AMAR E PROTEGER

Pouco após quebrar o braço de meu irmão, nasceu nossa irmã caçula. Débora sempre foi um encanto. Nasceu aos 8 meses e tinha uma saúde mais frágil. Ainda bebê, teve pneumonia e isso fez com que nossa mãe redobrasse os cuidados com ela.

Lembro que, até seus 4 ou 5 anos, usava uma blusa de malha por baixo do vestidinho para proteger seu pequeno tórax de alguma eventual corrente de ar.

Era bonitinha minha irmãzinha... Tinha um sorriso permanente e um olhar lânguido. Suas pálpebras superiores estavam sempre a meio olho, conferindo-lhe uma alegria leve e suave.

Recordo-me que, num dado dia, deixei de ver aquela expressão idílica. Não sei ao certo com quantos anos contava, talvez 4 ou 5 anos, contudo entendi que algo acontecera. Como se um cristal tivesse sido quebrado. Provavelmente, por esse motivo, tenha chamado a mim a missão de protegê-la. Encontrara uma nobre razão para as brigas fraternais com meu irmão. Como suas idades eram mais próximas e ele foi "destronado", seus ciúmes eram naturalmente mais dirigidos a ela.

Formamos assim uma dinâmica muito curiosa: Marcelo brigava com Débora, eu brigava com ele e ela, vendo-se protegida, implicava com o pobre.

Meu pai vez por outra dizia: *"Vocês são três, mas parecem doze!".*

Assim viviam esses três filhotes de *Homo sapiens*... Entre as brigas, brincávamos e aprendíamos um com o outro como era bom ter irmãos.

SER MASCULINO

É interessante notar o que me parece ser eu mesmo. Ao fazer um breve exercício de introspecção, encontro-me e reconheço uma presença masculina, uma força contundente e inequívoca.

Naturalmente, eu não posso dizer como se sentem ou se percebem as mulheres ou pessoas não binárias. Talvez se percebam de modo semelhante, mas, por alguma razão, esse ser que em mim reconheço é, para mim, claramente masculino. De tal modo e a tal ponto que não consigo distinguir o substantivo do adjetivo. Afigura-se a mim como uma espécie de adjetivo substanciado ou substantivo adjetivado.

Desde minhas lembranças mais remotas, e apesar de ter tentado me adequar às expectativas sociais, sempre foi assim.

Nas minhas brincadeiras infantis, recordo-me de identificar-me com os heróis masculinos: Tarzan, Zorro, Daniel Boone e outros de semelhante envergadura. Queria ser como eles: forte, bonito, inteligente e, ao final, ter a alegria de ser reconhecido como alguém realmente importante e valoroso. Ficava contraindo meu bíceps para ver se eu daria um bom super-herói. E achava que, com uma certa boa vontade, daria para chegar lá.

Hoje, ao revisitar minha infância, percebo que eu era de fato muito engraçadinho. Às vezes, fecho os olhos e me imagino em um encontro comigo mesmo com aquela idade. Faria cócegas no pequeno Gabriel até ele chorar de rir. E, ao final, lhe daria um terno abraço. Esse é um sentimento que me faz bem...

MENINA...

Por volta dos 7 ou 8 anos, entendi claramente que minha vida não seria fácil. Entendi que eu era mesmo diferente, que havia uma discrepância entre como eu me sentia e as expectativas sociais sobre mim. Temi por mim e sabia que teria que dar meu melhor e me adaptar.

A forma como eu me sentava, ria e gesticulava chamava a atenção das pessoas para uma expressão incompatível com o gênero que me foi atribuído. Eu era muito parecido com meu pai...

As professoras que não me conheciam colocavam-me na fila dos meninos e eu, apesar de gostar, tinha que dizer-lhes que eu era uma "menina" e assim passar para a outra fila. Mais de uma vez, inadvertidamente, assustei uma coleguinha no banheiro porque lhe parecia que eu estava ali para alguma molecagem. Lá tinha eu que explicar que eu era uma "garota".

Uma vez, uma delas nem me deu o tempo necessário para abrir a boca, saiu gritando como se eu fosse uma espécie de minitarado. Veio, minutos depois, acompanhada por uma senhora corpulenta que, de cenho franzido, perguntou-me porque eu não usava o meu próprio banheiro. Tive que me explicar mais uma vez. Assim era! Antes da puberdade, minha identidade de gênero expressava-se mais claramente.

MENINAS!

Certa vez, uma coleguinha de classe olhou dentro dos meus olhos e seriamente declarou que, se eu fosse um menino, eu não lhe escaparia. Tomei o maior susto porque naquela época o que eu queria mesmo era jogar futebol.

Noutra ocasião, ia à padaria comprar pão quando ouvi de duas meninas que vinham atrás de mim que elas adoravam meninos de pernas grossas; uma delas ressaltou que minhas pernas pareciam pernas de jogador de futebol; falavam suficientemente alto para que eu escutasse. Apressei o passo e ganhei distância.

Um pouco mais velho, entre 9 e 10 anos, esperava meus pais dentro do carro quando percebi que uma jovem adolescente de lindos olhos azuis me olhava com curiosidade. Aproximou-se da janela do Fusca e disse com uma desenvoltura que até hoje me causa inveja: "Você é bonito!". Vi-me forçado a desapontar-nos, contando que eu era uma "menina".

Dei-me conta de que teria que mudar um pouco meus modos ou teria que passar a vida explicando quem era ou quem não era. Comecei a observar como minha mãe se sentava, gesticulava e falava. Observava também minhas tias e as amigas da minha mãe. Comecei a imitá-las e me lembro que, em uma dada ocasião, até me diverti um pouco com isso, fazendo de conta que eu era um ator. Isso, por um lado, foi positivo porque, além de ter me ajudado a livrar-me do *bullying*, conferiu uma certa elegância à minha personalidade. No entanto, por outro lado, roubou-me a espontaneidade e a alegria inerente ao livre exercício da expressão original.

SOLIDÃO

Apesar de conviver harmonicamente com muitos coleguinhas e amiguinhos, eu me sentia muito só. Não conseguia desfrutar de verdadeiras amizades porque não falava de mim, não desabafava minhas angústias. Era assim. Não parecia, mas eu era muito fechado.

Creio que um dos efeitos colaterais dessa adaptação foi uma tendência a uma certa formalidade que acabei incorporando a meu jeito de ser. Além disso, acho que inconscientemente desenvolvi uma profunda desconfiança em relação à possibilidade de ser aceito e amado pelos outros.

Lembro que, quando criança e depois na adolescência, eu me sentia ansioso em situações sociais. Cobrava de mim mesmo dizer algo que fosse inteligente ou engraçado. Precisava sentir-me reassegurado afetivamente e por isso observava as pessoas a meu redor em busca de sinais de aprovação. Na verdade, passei muitos anos da minha vida sem poder desfrutar com tranquilidade da companhia dos outros. Queria ter podido ficar ao lado, sem qualquer outra preocupação senão interagir simplesmente...

A comunicação entre as pessoas é feita de olhares, sorrisos, palavras e pausas. Gestos sutis dizem muito a quem tem paz interior para ouvir. Sinto ter perdido muitas oportunidades de conexão...

Queria muito ter podido compartilhar minha vida interior, ouvir conselhos ou simplesmente receber a solidariedade silenciosa de algum amigo que não soubesse o que dizer...

Lembro-me, por exemplo, da minha primeira paixão. Devia ter por volta de 10 anos. Prontamente identifiquei que aquele era o tipo de sentimento que acometia rapazes incautos expostos aos encantos femininos. Entendi muito claramente que as coisas poderiam ficar bem piores do que eu imaginava.

Como qualquer criatura que se apaixona, eu pensava em minha coleguinha dia e noite. Para meu infortúnio, não a tirava da cabeça e me via na cruel situação de não poder me declarar, nem desabafar meu "estado alterado de consciência" com ninguém. Recordo-me de ter me sentido realmente muito só...

Na realidade, eu não me sentia à vontade para conversar sobre isso nem com meus pais. Julgava que seria muito peso para eles que já tinham muitas dificuldades: o relacionamento deles era conflituoso, a situação financeira era modesta... De fato, não existia possibilidade de ajuda naquela Brasília dos anos 1970.

Como os psicólogos daquela época lidariam com uma criança como eu? Tentariam me convencer de que eu era uma menina? Induziriam meus pais a exigir que eu vestisse vestidos e brincasse com bonecas? Eu realmente não sei... Nem temi por isso, na verdade. Como a possibilidade sequer me afigurava, não cheguei a conjecturar sobre como poderia ser tratado.

Não sei se agi corretamente, contudo resolvi que eu mesmo teria que lidar com tudo aquilo. E disso deve ter decorrido outra das minhas características de personalidade: a tendência em querer resolver tudo sozinho. Uma voz interior me dizia: *"Graça, o problema é seu! Quem tem que resolver (ou não) é você mesmo!".*

Felizmente, agora, mais recentemente, tenho conseguido aceitar o colo e a ajuda das pessoas que me amam. E isso tem sido uma grande bênção porque tenho tido a oportunidade de me sentir amado como realmente sou.

PUBERDADE E ADOLESCÊNCIA

Aos 11 anos, minhas mamas começaram a crescer e menstruei. Esse acontecimento que, para as meninas que se sentem meninas, é motivo de vaidade e orgulho, foi para mim um transtorno. Entendi que não poderia mais tomar banho de piscina somente com a parte de baixo do biquíni e fiquei muito triste por isso.

Encerrava-se ali também minha participação nos jogos de futebol que eu tanto amava. A tristeza começava a ganhar maior peso e profundidade.

Lembro que me esforçava para levar a vida da melhor maneira possível: ir à escola; fazer os deveres de casa; ajudar a cuidar de meus irmãos, porque nem sempre tínhamos empregada em casa; brincar, porém havia uma melancolia de pano de fundo. Essa melancolia, às vezes, tornava-se mais intensa e, às vezes, deixava meu peito respirar mais tranquilo, mas estava sempre lá.

Pouco depois da minha menarca[46], minha mãe levou-me a uma ginecologista. Aguardávamos tranquilamente na sala de espera. Não me vem à memória qualquer diálogo entre nós, nem outros pacientes, tampouco qualquer tique-taque de relógio de parede que ritmasse meu coração púbere. Também não sei dizer quando a atendente nos chamou.

Contudo, recordo-me entranhadamente do mal-estar angustiante que senti quando entendi que a médica queria que eu me despisse para examinar minhas mamas e genitália.

Fui coercitivamente conduzido à maca de exame físico. Ela e minha mãe tentavam interagir comigo, ao mesmo tempo em que levantavam minha blusa. Subestimaram minha inteligência, achando que me distrairiam de mim com uma conversinha boba sobre qualquer assunto idiota. Eu me senti desrespeitado. Aliás, como o desrespeito à criança e ao adolescente são frequentes! Quantas preocupações opressoras e cuidados invasivos são impostos em nome do amor.

---

[46] Primeiro fluxo menstrual.

Resisti, puxei a minha blusa para baixo e por um breve, porém eterno momento, ficamos naquele empasse. Eu não queria despir-me de jeito nenhum. Estava realmente assustado. Lembro-me que ela se aborreceu com a minha oposição e disse à minha mãe, num tom arrogante, que aquele comportamento não era normal. Deu seu atendimento por encerrado, recomendando que eu fosse visto por um psicólogo.

Que alívio quando fomos embora daquele consultório! Aquela foi realmente uma experiência emocional profundamente desgastante. Meu Deus, quanto constrangimento! Eu queria que o chão se abrisse...

Naquele dia, senti como a autoridade médica pode ser brutal quando não é sensível à subjetividade do paciente à sua frente.

POSSIBILIDADES E PERSPECTIVAS

Percebia que minhas perspectivas eram mais estreitas que a das outras pessoas. Não fazia sentido para mim ir aos bailinhos nas casas dos vizinhos. Meus coleguinhas e amigos iam para exibir seus caracteres sexuais secundários recém-adquiridos e paquerar. Embora eu tentasse me adequar, vestindo roupas mais femininas, não me sentia uma mocinha. Detestava usar decote, mesmo que bem comportado, e saia. Na verdade, eu ficava muito mais feliz com peças de vestuário unissex.

Paquerar uma menina? Como? Se eu não tinha as credenciais necessárias? Não adiantava. Àquela situação, eu não me adequava. Era um peixe fora da água.

Enquanto meus pares se concentravam em flertar, conquistar, beijar, mostrar o corpo que se desenvolvia a favor desse apelo hormonal procriativo, eu focava no que podia: estudar e preocupar-me com minha família. Estava sempre constantemente preocupado com meus pais.

Meu pai cedera a um vício antigo e familiar: bebia quase diariamente; passava períodos nos quais chegava tarde em casa; às vezes, não voltava, vindo a aparecer no dia seguinte. Minha mãe ficava transtornada com aquela situação, magoada, realmente nervosa e sua dor me calava fundo.

Não deixava de amar meu pai por isso. A bem da verdade, ele tinha uma doçura que poucas vezes vi em alguém. Essa virtude tão feminina, mesmo quando presente no homem, como diz Sponville, fazia-me sentir saudades do tempo em que convivíamos mais.

Meu amor e temor quanto à saúde dele levaram-me a tentar convencê-lo de parar de beber inúmeras e infrutíferas vezes. Ele ouvia-me humildemente e me olhava mesmo com muita ternura, não me interrompia nem tentava apresentar justificativas injustificáveis. Tinha essa honestidade respeitosa.

Esforçava-se porque, em geral, após essas conversas, ficava sem beber por alguns dias, chegava mais cedo e o clima emocional em casa ficava melhor, todavia não durava muito e já recaía novamente.

Aquela situação familiar também contribuía para que eu ficasse melancólico. Hoje, entendo melhor a tristeza associada àquelas circunstâncias: ver meu pai naquela condição, tão vulnerável, atacado pelos compreensíveis ressentimentos de sua jovem esposa, enchiam meu coração de uma compaixão dolorosa. Passei anos tentando esconder "sua nudez", inclusive de mim mesmo...

DESRESPEITO E HUMILHAÇÃO

Mas como nada pode ser tão ruim que não possa piorar um pouquinho mais, vivi a humilhante experiência de ser sexualmente abusado. Numa noite quente, brincava com outras crianças da rua de esconde-esconde e tive a brilhante ideia de meter-me entre as rodas de um caminhão que estava estacionado do outro lado da rua onde eu morava. Acreditava-me seguro ali. Ninguém me acharia. De repente, um adolescente que morava na mesma rua, um garoto, que à época deveria ter por volta de 15 ou 16 anos, encaixou-se entre as rodas, ao meu lado, e apertou uma das minhas mamas, dizendo-me algo libidinoso que não consigo lembrar.

Felizmente, consegui repeli-lo e sair do esconderijo. Para mim, a brincadeira acabara. Fiquei transtornado. Senti-me aviltado, subjugado e muito triste. Não tive coragem de contar a meus pais e fiquei realmente deprimido por alguns dias. Não parava de pensar no ocorrido. A imagem voltava-me à cabeça reiteradamente. Não conseguia ver graça em nada.

Creio que duas semanas depois, vencido pela dor, contei a meus pais. Eles foram à casa dos pais da criatura relatar o que havia acontecido e pedir-lhes para tomar as providências necessárias para que isso não voltasse a ocorrer. De fato, aquele adolescente incontinente nunca mais se aproximou de mim.

Outro episódio marcante foi a tentativa sutil de um dentista em criar um clima erótico, durante a consulta. Inicialmente, parecia-me que ele era muito simpático e acolhedor. Porém, numa determinada tarde, entendi que havia algo estranho em seu jeito de me olhar. Seu desejo ficou mais claro quando, procurando um pouco de amálgama que propositadamente deixara cair em mim, olhou rapidamente por dentro da minha blusa de malha. Para nossa sorte, minha e dele, conseguiu segurar-se e terminar o atendimento sem me molestar.

Novamente, senti-me muito mal; não apenas pelo fato – egodistônico – de meu corpo feminino despertar desejos, mas pelo fato de dar-me conta de que aquele dentista que parecia tão amável não queria ser meu amigo. Foi a primeira vez que entendi o quanto o ser humano é capaz de dissimular seus sentimentos para conseguir objetivos escusos.

Esses episódios com o adolescente incontinente e o dentista lascivo fizeram com que eu formasse uma impressão um tanto quanto negativa da sexualidade masculina.

Vejo, não sem tristeza, que essa ideia desfavorável acabou contaminando minha visão dos homens...

Tornei-me mais cuidadoso. Tinha meus colegas de classe, meus vizinhos e me relacionava com eles, contava piadas, ria das deles, entretanto me parecia necessário dosar minhas demonstrações de afeto. Aprendi que os homens facilmente se confundem e tendem a interpretar uma simples simpatia, ou mesmo educação, como interesse sexual. Não há dúvidas quanto ao poder libidinal da testosterona, contudo não deveria reduzir os homens a machos atentos a qualquer oportunidade de cópula.

O processo de humanização propiciado pela cultura deveria aumentar-lhes a margem de liberdade em relação aos instintos do animal.

Afirmo-o assim assertivamente porque, ao longo da minha vida, conheci alguns representantes do "sexo forte" que não apenas foram sensíveis às disposições emocionais da outra pessoa, como também tiveram a delicadeza de tentar seduzir, no sentido cativante da palavra.

A corte humana é profundamente respeitosa porque, na inconciência de sua natureza, reconhece a liberdade do outro, admite a hipótese de não ser aceito ao tempo em que almeja ser escolhido. Não reifica a pessoa desejada, antes reafirma sua alteridade e seu direito ao "não".

Esses cavalheiros são a prova concreta de que é possível ascender na escala evolutiva e alcançar patamares mais humanos de interação.

Infelizmente, nem todos os homens têm a oportunidade de crescer numa família que lhes propicie modelos saudáveis de relação e, em assim sendo, não conseguem propiciar nem desfrutar de uma vida afetiva mais rica.

VIDA AMOROSA

Não obstante, ali pelos meus 15 anos, tentei namorar rapazes. Pensei comigo mesmo que valeria a pena tentar porque talvez a intimidade pudesse me agradar. Quem sabe eu poderia desenvolver gosto pelos moços? Seria um problema a menos. Pelos menos eu teria uma orientação afetivo-sexual sociossintônica...

Tive alguns poucos namorados porque realmente a proximidade física não me era agradável. Não consegui ir além de beijos e abraços mais ou menos bem comportados. Não era prazeroso. Não era confortável. O gosto, o contato físico não era bom.

Assim, exceto por um namorado que passava metade do mês numa plataforma de petróleo, os outros dois não duraram mais que quatro semanas.

Definitivamente, não me fazia bem namorar homens. Não havia alegria, não havia a expectativa do encontro. Faltava encanto, faltava brilho no olhar...

Pelo contrário, eu acabava terminando porque me sentia mais triste e incomodado com a falta de sentido daquelas relações.

Por outro lado, buscava relacionar-me com as mulheres com um respeito de altar. Logo entendi que é muito próprio do feminino expressar sua afetividade por meio do toque, do abraço, dos beijos.

As mulheres são cenestésicas e estão culturalmente autorizadas a sê-lo. Como eu não ocupava o lugar social de homem, minhas amigas não tinham prevenções comigo. Eu que segurasse minha onda. E segurei. Mesmo porque havia também o constrangimento com meu corpo.

Ademais, não queria que as moças com quem eu convivia se sentissem desconfortáveis em minha companhia; não permitia que minha libido assumisse o comando porque sentia que ofenderia, conspurcaria a entrega de amizade que tantas vezes me foi oferecida por elas, inclusive pelas quais me apaixonei. Assim, embora não houvesse a proximidade física de um namoro, havia alegria, encanto, expectativa de encontro e brilho no olhar.

Hoje, percebo com mais clareza as nuances afetivas e emocionais daquelas circunstâncias. Eu apresentava uma interface relacional masculina que, pela ausência de um corpo correspondente, dispensava os cuidados preventivos da conjunção carnal sem, no entanto, privar minhas amigas do olhar de admiração e alegria que um homem sente pela simples presença e companhia da mulher amada.

É possível que isso tenha favorecido o estabelecimento de vínculos amorosos atípicos, digamos assim. Digo atípicos porque não eram paixões homossexuais, não eram namoros heterossexuais, mas também não se restringiam aos amplos limites de uma boa amizade. Sei que algumas amigas gostaram muito de mim. Procuravam-me com frequência, olhavam-me com carinho, sentiam-se felizes em minha companhia. Mais de uma vez, senti-me amado com um amor de predileção.

De fato, apaixonei-me por algumas amigas e consegui, na maioria das vezes, permanecer ao lado, oferecendo o que nos era possível, a mim entregar e a elas acolher. Se, por um lado, isso trazia alguma frustração, por outro, trazia-me o desafio de amar, sempre maior, mais valioso e transformador. Seja como for, aprendi a amar com um amor transcendentemente erótico ou eroticamente transcendente.

Na verdade, é importante dizer que eu não tinha outra saída: ou transcendia ou ficava sem nada. Ficar sem nada era, para mim, insuportável. Como ficar longe daquele olhar feminino que me encantava? Como me abster daquele sorriso que, em si, já era um presente? Como não desfrutar do calor daquele abraço delicado e afetivo? Tive que encontrar uma maneira de viver aquele sentimento. O caminho foi descobrir alegria numa vivência amorosa contemplativa.

Isso despertou em mim a ideia de que, por trás daquele meu corpo feminino, havia um masculino diferenciado, mais sensível, mais delicado e mais capaz de compreender o universo afetivo das mulheres. Equivocadamente, e peço a meus amigos que me perdoem, sentia-me melhor que os outros homens, mais especial, superior, mais conectado com o coração feminino. Sabia-me portador de uma masculinidade que não agredia; não olhava as mulheres como um predador em busca da caça. Consolava-me na esperança de tal suposta diferença.

ESPIRITUALIDADE E AMOR

Quando eu era criança, costumava ir à igreja com meus pais, ou apenas com minha mãe, e detestava com todas as minhas forças. Certa vez, escapei da mão de meu pai e fui para a frente do altar. Cantava, e marchava, uma estrofe que costumava tocar no rádio, à época: "Para, Pedro! Pedro, para! Para, Pedro! Pedro, para!". Meu pai apressou-se em interromper minha participação artística que, com toda certeza, tornou aquela missa mais divertida.

Embora não gostasse nem um pouquinho da liturgia religiosa, eu tinha fé; era a fé de uma criança que aprendera a acreditar em Deus. O Deus no qual eu cria era bom, protegia-me, gostava de mim, porém era disciplinador, tinha muito apreço pelas coisas certas, justas e bem feitas; tudo via, estava presente em todos os lugares e enxergava o coração humano, incluindo o meu. Em suma, era grandioso e bastante exigente. Era mais ou menos essa a concepção que eu tinha de Deus.

Certamente meus pais recorreram a "Seu auxílio" para ajudar em nossa criação. E acho que Ele ajudou mesmo porque éramos bastante sensíveis aos argumentos relativos à desaprovação divina. Nenhum de nós queria chatear aquele Jesus todo machucado preso à cruz do quadro da sala de estar.

Lembro-me que, em certa noite, ali pelos meus 11 ou 12 anos, dirigi a Ele uma prece. Pedi que jamais permitisse que eu O ofendesse com meus sentimentos românticos pelas meninas.

Com o surgimento e constância de meu interesse pelo sexo feminino, passei a interpretar minha condição como homossexualidade. Como eu, até então, desconhecia o conceito de Incongruência de Gênero, *achava que todas as moças homossexuais se sentiam como eu.*

Em minha percepção infantil, todas as lésbicas seriam masculinizadas. E as mulheres femininas, com certeza, heterossexuais.

Cheguei a tranquilizar-me com isso porque meu gosto era claramente dirigido às mais femininas. Então, pensei que aquelas que poderiam gostar de mim não me interessariam e aquelas pelas quais eu viria a me apaixonar não olhariam para mim. Pronto! Estava resolvido o problema! Não haveria pecado contra a castidade! Persignei-me e dormi em paz.

É importante constar que nos anos 70 do século passado, relacionamentos homossexuais eram absolutamente reprováveis, abomináveis, pecado da maior gravidade. Essa era a visão da cultura na qual eu me criava.

Eu era como um cego de nascença. Eu não tinha ideia da potencial alegria de um namoro juvenil. Passei toda a minha adolescência sem conceber a possibilidade de andar de mãos dadas com uma namorada, sem considerar a ventura de desfrutar do mundo na companhia de uma princesa encantada. Esses sonhos adolescentes não estavam a meu alcance.

Por volta dos meus 14 ou 15 anos, as filhas de um casal de amigos de meus pais me convidaram para fazer um retiro espiritual. O movimento chamava-se Escalada e era uma forma de apostolado de escolas confessionais católicas de Brasília.

Fui cativado. Minha fobia social foi vencida por uma experiência de sociabilização inaudita. Vi-me ali cercado por vários jovens, violeiros, religiosos e leigos reunidos pela fé cristã. A ênfase dada a um amor que se expressava concretamente na confraternização que a todos incluía tocou meu coração, ávido que era daquela integração.

A perspectiva de ser amado por um Deus muito menos disciplinador e exigente do que eu imaginava foi misericordiosa e a decisão em acreditar, um divisor de águas.

Senti-me aliviado com a notícia de que ninguém é culpado pelo que sente, não obstante ser responsável pelo que faz.

Ao final do encontro, cada jovem recebeu uma carta escrita pelos pais. Na minha carta, havia uma declaração de amor.

Meus pais diziam o quanto eu era especial para eles, o quanto se sentiam felizes por serem meus pais e o quanto me amavam. Fiquei profundamente emocionado porque, com a rotina do dia a dia, o amor deles por mim se expressava nos cuidados necessários à criação de um filho: vestuário, alimentação, atenção à saúde, uma casa organizada, o acesso à educação formal e todo o processo de aculturamento familiar que contribuiu para minha humanização. Obviamente, tudo isso é amor em obras, em vida e mais contundente do que mil palavras. Contudo, as palavras de amor, quando têm seu lastro na realidade, fazem um bem incalculável.

Após o retiro, passei a fazer parte de um grupo de jovens que se encontrava toda semana para ler e refletir sobre o cristianismo. O grupo sempre se reunia na casa de um dos participantes, sob a supervisão de um casal de padrinhos.

Tia Gerlinda e seu esposo eram extremamente aco-lhedores e amorosos. Não sei se eles sabem o bem que me fizeram com a alegria que expressavam cada vez que me viam.

Aquelas tertúlias e seus desdobramentos propicia-ram-me uma oportunidade maravilhosa: sociabilizar-me com outros adolescentes sem ter que me preocupar tanto com meu gênero psicológico ou social.

O objetivo era reunirmo-nos para aprofundarmos no amor, um amor fraterno onde meu ser, independentemente do gênero, encontrava abraço e apreço.

Foi uma experiência muito importante porque ofereceu-me um modelo de relação que reafirmava minha dignidade e reforçou a minha convicção de não aceitar menos do que aquilo.

Não tardou para que adotássemos uma favela próxima ao bairro onde eu morava. Aos domingos, dávamos aula de cuidados de higiene pessoal e domiciliar, pela manhã, e, depois, almoçávamos com os moradores.

Nossos pais se alternavam na preparação de uma galinhada ou arroz com carne de sol. Levávamos os panelões, servíamos a todos e confraternizávamos com eles.

Não sei dizer se eles se beneficiaram tanto quanto nós porque aquela foi, sem dúvida, uma das atividades mais marcantes de minha vida. Sou grato por ter tido a oportunidade de passar muitos de meus domingos de adolescente tocando violão e cantando com aquelas crianças barrigudinhas, descalças e sorridentes. Naqueles momentos, éramos todos iguaizinhos, pobres, cada um à sua maneira, mas cantávamos felizes.

O tempo foi passando e eu fui me aprofundando nas questões da espiritualidade cristã. Lia muito e passei a ter uma rotina de práticas meditativas que me fizeram um bem inestimável. O amor tal qual proposto por Jesus nos evangelhos era para mim o fundamento da originalidade de sua mensagem.

Aquele amor sem meias medidas, sem cálculos, total, completo, verdadeiro, radical, ontologicamente revolucionário, calava-me fundo na alma. Um amor que se compromete com o bem da pessoa amada, que perdoa, que busca a felicidade de quem se ama. Eu não queria menos e não podia mais.

Encontrara a forma, o caminho para buscar viver meu amor, inclusive o amor apaixonado que, vez por outra, assaltava meu coração.

Essa forma de amar, embora exigente, ainda mais para um adolescente, coadunava perfeitamente bem com o desencontro entre meus gêneros psicológico e social. Talvez por isso também tenha me atraído tanto.

Numa idade na qual, para a maioria dos jovens, o apelo hormonal é tão eloquente e o instinto de posse tão natural, eu me sentia desafiado para uma experiência que me projetava para além de mim, para um lugar onde o encontro entre duas presenças seria possível, onde esse amor de totalidade poderia acontecer.

Naquela época, meu compromisso com a espiritualidade resumia-se ao esforço por amar a Deus e ao próximo, da forma como eu conseguia, e o empenho em levar uma vida moralmente reta.

Assim, ganhava minha vida horizontes mais amplos porque, olhando de onde eu estava, era possível divisar o percurso de um caminho que me levaria ao que eu poderia vir a ser de melhor.

Realmente, senti-me seduzido por esses ideais. Tenho convicção de que a depressão que se iniciara na puberdade arrefeceu na exata proporção de sentido que essa perspectiva trouxe para minha vida.

Por outro lado, a doutrina moral da igreja no tocante aos assuntos relativos à sexualidade despertavam em mim uma certa tristeza. Não que eu estivesse pronto a me relacionar sexualmente com uma mulher, mas porque parecia-me haver grandes incoerências entre a dinâmica de amor e misericórdia proposta por Jesus e o fogo do inferno prometido, por uma parte do clero, àqueles que habitam essas periferias existenciais.

A homoafetividade, por exemplo, não é, nem nunca foi, uma opção sexual, mas uma condição humana; uma condição que também enseja o aprofundamento no amor, a entrega generosa ao outro, a renúncia a sentimentos de posse e o compromisso com o crescimento da pessoa amada. Ou seja, um caminho que também pode levar ao desenvolvimento de um amor verdadeiro.

As dificuldades com o tema revelam, em minha opinião, falta de conhecimentos mais profundos sobre um assunto que é tão natural quanto delicado. Natural porque o comportamento homossexual também se manifesta entre outras espécies de mamíferos, mesmo quando há indivíduos do sexo oposto disponíveis; delicado porque refere-se a sentimentos muito íntimos não apenas de atração sexual, mas sobretudo de autoaceitação, autoestima e relacionamento amoroso.

Seja como for, sempre confiei no fato de Deus conhecer profundamente o que vai no interior de cada coração humano, os determinantes biológicos e psicológicos da constituição de cada personalidade. Nunca achei que o exercício da sexualidade em si apartasse o homem de Deus, que, aliás, teologicamente falando, é Amor. Penso que o que realmente aparta o homem do Amor é o egoísmo, a negação do outro, sua "coisificação", seja no contexto heterossexual ou homossexual.

Desse modo, diferentemente das histórias de muitas pessoas que têm algum sofrimento na esfera da sexualidade, minha experiência com o cristianismo foi muito boa e ajudou-me a manter-me de pé diante de várias dificuldades que estariam por vir.

A consciência da dignidade de minhas disposições afetivas e a fé em minha filiação divina fizeram realmente uma grande diferença. Para começar, eu achava que nada, ou quase nada, seria realmente impossível.

ESCOLHA PROFISSIONAL

Durante o ensino médio, cogitei a possibilidade de ser jornalista, veterinário – amava os animais –, médico e até mesmo seguir uma carreira religiosa. Eu achava, naquela época, que cada ser humano teria uma vocação específica e particular. Perguntava-me: *"Será que Isaac Newton teria deixado uma contribuição tão relevante se tivesse sido um advogado? Será que Beethoven teria sido tão genial se tivesse abraçado a Filosofia?"*. Para mim, a resposta era claramente negativa. Eu realmente acreditava que Newton foi Newton porque foi físico, assim como

Beethoven foi Beethoven porque foi músico. Até então, eu não compreendia que foi o contrário.

Isso fazia com que eu me questionasse muito seriamente sobre minha vocação. Precisava acertar. Quando pensava na vida religiosa, imaginava-me com um hábito de freira, vivendo em um convento com outras irmãs de caridade e já logo sentia interiormente que aquilo não era para mim. O jornalismo me daria a possibilidade de estar no epicentro dos fatos. Gostava dessa ideia, mas logo vi que se tratava mais de uma veleidade do que de uma paixão por informar. Não havia medicina veterinária, em Brasília, naqueles idos. Assim, acabei optando pela medicina humana porque achei que teria uma vida mais útil, ganharia mais dinheiro e seria mais valorizado socialmente.

Aquela foi, de fato, uma opção minha porque meu pai não emitia qualquer opinião – ele achava que essa era uma decisão muito pessoal – e minha mãe, mais pragmática, queria que eu fizesse Direito porque Brasília era, como é, uma cidade que oferecia muitas oportunidades para quem se dedicasse a essa carreira.

Além disso, ela achava que Medicina era um curso muito longo, árduo e para o qual eu teria que ter dedicação exclusiva. Temia que nossas condições financeiras não permitissem que eu ficasse tanto tempo sem trabalhar. Costumava repetir: *"Minha filha, esse é um curso para filhos de famílias ricas! Esse não é o seu caso!"*.

O MENINO QUE NÃO DEVERIA SER

Essa decisão levou-me a estudar dedicadamente. De fato, além das minhas atividades cristãs, eu não fazia outra coisa na vida.

No primeiro ano do ensino médio, conheci um rapaz que acabaria por tornar-se um grande amigo e companheiro de estudos: Euclides. Ele queria estudar Engenharia de Aeronáutica no Instituto Tecnológico de Aeronáutica, o famoso ITA, uma das escolas de ensino superior mais difíceis de entrar pelo alto nível de excelência no ensino. Estudávamos, à época, numa escola pública porque nossos pais não tinham condições financeiras de pagar-nos uma escola privada, onde o ensino era qualitativamente falando muito superior.

Logo vimos que naquelas condições, nem eu seria médico, nem ele engenheiro. Precisávamos de bolsas de estudos que nos permitissem estudar em um colégio particular de bom nível. Porém, como consegui-las?

Descobrimos que os parlamentares tinham cotas para alunos carentes, mas como nossos familiares não conheciam algum deputado ou senador, resolvemos ir, nós mesmos, pedir aos políticos que nos ajudassem.

Brasília não tinha, à época, representantes no Congresso Nacional, então, decidimos que iríamos a todos até que algum deles resolvesse nos apoiar. E assim fizemos. Lembro-me com saudades e orgulho porque fomos determinados. Sabíamos o que queríamos. Percorremos o Congresso Nacional, corredor por corredor. Levamos muitos "nãos", contudo estávamos decididos. Não esmorecíamos.

Não sei dizer agora quantos dias levamos até chegarmos ao senador que nos ajudou. Como em todos os demais gabinetes, apresentávamo-nos aos secretários e pedíamos para falar com o parlamentar sobre nossa necessidade de bolsas de estudos.

Diferentemente da maioria, mal seu colaborador nos informou o quão ocupado ele estava, ouvimos uma voz mandando-nos entrar. Sentamos à frente dele, enquanto ele, meio aborrecido, assinava alguns papéis. Entregou--os a um de seus assessores, dizendo que o Brasil não precisava daquilo.

Voltou-se para nós e disse *"O que o Brasil precisa é de jovens como vocês que querem estudar!"*. Jamais me esqueci daquelas palavras... Ele tinha uma única bolsa de estudos disponível. Perguntou-nos como faríamos. Olhamos um para o outro e, alegres, emocionados, respondemos praticamente juntos: *"Dividimos!"*.

Ele chamou sua secretária e pediu a ela que anotasse nossos dados. Em seguida, subscreveu uma carta na qual constava a subvenção.

Com uma alegria difícil de descrever, despedimo-nos daquele homem inesquecível, prometendo que honraríamos sua confiança e investimento em nós. Mal saímos do gabinete, abrimos o envelope para ler com calma, palavra por palavra, aquele documento tão sonhado. Ao final, a assinatura: Darcy Ribeiro.

Assim fizemos. A metade da mensalidade nossos pais conseguiram pagar. Estudamos o segundo e o terceiro anos no Colégio La Salle. Euclides e eu nos víamos todos os dias porque, nos finais de semana, estudávamos juntos também. Acabei levando-o comigo para o grupo jovem e para a favela. Assim passamos aqueles dois anos. E valeu a pena. Tudo valeu a pena! Ele entrou para o ITA, após passar pela Academia da Força Aérea, e eu para Medicina, após um semestre na Biologia, na Universidade de Brasília.

Meu amigo era, e é, absolutamente adorável, educado, inteligente e sensível. Mesmo sem saber de minha condição, relacionava-se comigo de tal modo que eu me sentia seu companheiro e amigo. Não me tratava com as deferências que os rapazes educados normalmente costumam dirigir às moças. Eu gostava disso porque sentia-me visto.

Aquela desconfiança respeitosa, à qual me referi, não existia com ele. Éramos íntimos, construímos uma verdadeira e terna amizade. Euclides, hoje Dom Abade Mathias, é um dos homens mais admiráveis que conheci na vida.

VIDA PROFISSIONAL

Entrei na universidade em 1984, inicialmente no curso de Biologia, minha segunda opção. Na mesma época, passei num concurso público para atendente judiciário no Tribunal Superior do Trabalho. Eu era, na verdade, um *office boy* do judiciário trabalhista. Comecei trabalhando na Assessoria de Divulgação da Presidência, um gabinete onde havia apenas mulheres encantadoras, elegantes e muito divertidas. Quando conheci o ministro presidente, um gaúcho apreciador da beleza feminina, tive a impressão de que, além da competência, aquele era um critério desejado para suas colaboradoras mais próximas: a capacidade de fazer do mundo um lugar mais bonito.

Fui muito bem recebido por todas. Minha chefe, uma senhora jovial e extremamente generosa, foi comigo conversar com o ministro presidente para conseguir um horário especial de estudante que permitisse que eu cursasse a faculdade. A impressão que eu tive é de que ele era incapaz de negar alguma coisa a uma mulher tão adorável quanto Miriam. Concordou prontamente, manifestando seus desejos de que eu fosse feliz no tribunal. E fui.

Penso que o fato de eu ser mais jovem – 18 anos à época –, de origem humilde e estudioso angariou a simpatia de minhas colegas. Não havia solicitação que eu não atendesse prontamente e contente. Sentia-me imensamente grato por poder trabalhar à tarde, cursar Biologia pela manhã e cursinho pré-vestibular à noite. Foi um semestre duro aquele, mas valeu a pena porque no vestibular seguinte consegui aprovação para Medicina.

Fazia faculdade, trabalhava e estudava. Não havia finais de semana livres. A quantidade de matéria para estudar fez-me perceber rapidamente que o esforço que eu fizera para entrar era uma pálida sombra do que eu teria que fazer para sair.

Minha vida transformou-se numa sequência infindável de tarefas por cumprir. Desde então, nunca mais fui para a cama com a sensação de ter lido tudo que precisaria. O sentimento de dever cumprido tornou-se uma vaga lembrança. Por mais que estudasse, não cobria toda a literatura indicada e aquilo me deixava absolutamente frustrado. Demorei anos para entender que seria sempre assim e que eu teria que me acostumar.

Minhas atividades cristãs resumiram-se à missa aos domingos e a orações inacabadas antes de dormir. Entretanto, sentia-me recompensado pelo reconhecimento e admiração que despertava em meus familiares e minhas colegas de trabalho. Obviamente, eu nem sequer imaginava relacionar-me com qualquer uma delas, mas percebia-me olhado com ternura e simpatia por todas.

Uma delas tratava-me com uma atenção mais especial. Certa tarde, trabalhávamos juntos, sozinhos, numa sala ao lado do gabinete, conferindo algumas listas de convidados para a cerimônia de entrega da Ordem do Mérito do Trabalho. Subitamente, percebi-a próxima a mim, com uma respiração um pouco mais rápida e audível. Senti-me um pouco confuso porque tive a impressão de que ela estava sexualmente excitada. Nunca soube realmente porque não tive coragem de dirigir-lhe o olhar. Continuei de cabeça baixa, trabalhando como se nada tivesse acontecendo. Percebi que aos poucos sua respiração foi voltando ao normal e o calor da sua proximidade física dissipando-se.

Minha colega continuou tratando-me com o mesmo carinho. Essa situação, que jamais comentei com quem quer que fosse, nunca mais se repetiria novamente. Foi a primeira vez em que tive a impressão de ter sido desejado por uma mulher. Embora não tivesse a menor condição de lidar com aquela situação, fiquei lisonjeado com a hipótese que até hoje não sei se é verdadeira.

O DESAFIO DE TRABALHAR, ESTUDAR E AMAR

Na universidade, as disciplinas do ciclo básico foram ficando cada vez mais maçantes. Anatomia humana era insuportável porque, além do formol usado, à época, para conservar os cadáveres, exigia mais memória que raciocínio. Não gostava também de bioquímica, biofísica e todas as demais do ciclo pré-clínico. Não sei se não gostava porque não tinha tempo suficiente para estudar... É bem possível.

Virava noites decorando fórmulas que eu não conseguia integrar com o que julgava que fosse o exercício da Medicina. Dedicava-me a ler e aprender um conteúdo que realmente não me atraía. Mais de uma vez, pensei em deixar o curso médico, acreditando que errara na escolha profissional. Porém a aprovação num vestibular tão difícil e a valorização social agregada pesavam em meus ombros. Pesavam porque eu não me sentia feliz.

Tinha poucas horas para estudar, estava sempre correndo entre a faculdade e o tribunal e vivia com uma sensação de débito que eu detestava.

Sabia que não estava estudando como deveria, com a calma e o método que aqueles conteúdos tão densos requeriam. Passei a lamentar não conseguir ficar mais tempo acordado. Dormir de óculos, com as luzes acesas, sobre as cópias dos capítulos dos livros, na sala de jantar, fazia parte da minha rotina. Era comum minha mãe acordar para ir ao banheiro e mandar-me dormir na cama. Lá ia eu vencido pelo cansaço e chateado por não ter conseguido terminar as páginas que me propusera ler.

Certa vez, acordei muito além do ponto de ônibus no qual deveria descer para ir para casa. Tinha os cabelos e o rosto respingados. Chovia e a água entrava por uma fresta da janela de vidro na qual reclinara a cabeça. Era assim. Dormia profundamente onde quer que recostasse. Nitidamente, não conseguia organizar meus horários de modo que pudesse estudar, trabalhar e descansar.

Vivia preocupado com isso porque, embora obtivesse aprovação em todas as disciplinas, sabia que deveria ter um desempenho melhor. Minhas médias eram, na maioria, superiores, mas eu não me importava com as notas. Elas pouco me diziam. Eu temia não estar assimilando todo o conteúdo que deveria e isso me atormentava.

Não conseguia ir a um cinema sem sentir-me culpado. Na verdade, não conseguia desfrutar de qualquer lazer com a consciência tranquila. Não tardou para que eu deixasse de sentir prazer e achar graça na vida. Aquele estilo de vida apresentou sua fatura: acabei desenvolvendo um quadro depressivo ansioso leve que me acompanhou durante vários anos.

Além disso, eu me sentia distante das pessoas. Os rapazes me pareciam suspeitos, as moças intocáveis, meu pai cada vez menos presente, minha mãe cada vez mais estressada; meus irmãos, coitados, até hoje me sinto em débito com eles. Eu mal os via.

Eram adolescentes e atravessavam as vicissitudes da idade, numa família sofrida como a nossa. Não puderam contar com o pai para aconselharem-se; mamãe, disciplinadora, não tinha tranquilidade emocional para acolher os conflitos típicos dessa etapa de vida e eu, "irmã mais velha", mal os via, enfiado que estava em meus afazeres e "dramas".

Creio que contavam um com o outro. Anos depois percebi que haviam desenvolvido uma intimidade da qual eu não privava. Cuidaram-se mutuamente.

Hoje vejo o quanto aquela espiritualidade que eu tentava viver estava distante da verdadeira mensagem de amor dos evangelhos. Aqueles quatro eram meus próximos mais próximos, aqueles aos quais eu deveria amar como a mim mesmo. Aqueles aos quais eu deveria perdoar, aos quais eu teria que pedir perdão. Passamos "frio" juntos – dignamente, não resta dúvida –, contudo agasalhamo-nos pouco. Precisávamos tanto sentirmo-nos aconchegados nos braços uns dos outros, entretanto, por um motivo ou por outro, não fomos capazes. O amor que nos unia tinha um caráter um tanto quanto estoico.

Felizmente, com o passar dos anos, fomos nos açucarando. Atualmente, abraçamo-nos e declaramo-nos sem constrangimentos. Se eu pudesse, promoveria um encontro entre quem somos hoje e quem fomos. Bastaria um único abraço!

VIDA FAMILIAR

Meus pais haviam se separado. Minha mãe, meus irmãos e eu mudáramos para um apartamento menor que a casa onde morávamos. Débora e eu dividíamos um quarto; minha mãe tinha o dela e Marcelo dormia na dependência de empregada.

Na verdade, a casa foi vendida e o dinheiro dividido entre meus pais. Com a metade que coube à minha mãe, ela comprou aquele imóvel. Apesar de menor, era um apartamento simpático.

Além disso, o clima emocional melhorara sensivelmente. Antes da separação, meus pais viviam se desentendendo; as brigas entre eles eram constantes. Na realidade, crescemos num ambiente emocional familiar imprevisível. Até aquela primeira separação – depois vieram outras – não sabíamos se chegaríamos em casa e encontraríamos um clima tranquilo ou tenso.

Sentia muita pena de meus pais. Como sofriam! O alcoolismo e a ausência de meu pai, consequências de uma criação machista das remanescentes sociedades de engenho do nordeste brasileiro, e os ciúmes de minha mãe tornavam a vida deles um verdadeiro tormento.

Meu pai era um homem muito educado, trabalhava normalmente, era carinhoso conosco e com minha mãe. Era um homem de modos e palavras gentis, no entanto não conseguia sentir prazer na convivência doméstica cotidiana; falhava em expressar seu amor no gesto simples de permanecer ao lado. Sentíamos falta dele.

Minha mãe, mais passional, expressava seus sentimentos com todas as forças de seu coração de mulher. Mais de uma vez, revelou que era apaixonada por ele, mesmo com tantos anos de casamento.

Depois de adultos, viemos a saber que tinham uma vida sexual muito ativa e que isso foi um dos principais pilares de sustentação daquele matrimônio tumultuado.

Lembro-me emocionado do dia em que meu pai chegou em casa, jogou-se numa das poltronas na sala de estar e chorou. Não conseguia dizer sequer uma palavra, apenas chorava. Eu também não pude dizer-lhe nada. Que poderia eu dizer? Mais complexo do que eu podia entender.

Ele não conseguia administrar seus impulsos. Seu gosto pela ambiência alcoolista estava cobrando-lhe um preço muito alto, mais alto do que ele podia pagar.

Embora não conseguisse, à época, colocar-me em seu lugar, sabia da dor dele. Fiquei ali, a seu lado; no coração, a impotência de nada poder fazer. Queria ter podido dar-lhe um abraço, mas meus ressentimentos não permitiram.

Atribuía a ele a culpa pelo infortúnio pelo qual passávamos. Anos depois, em seus últimos dias de vida, temia que ele falecesse sem que eu pudesse dar-lhe um abraço apertado, forte, como aqueles que eu costumava lhe dar quando era menino.

Com o passar dos anos, mais maduro, consegui entender que ele dera muito mais do que recebera. Filho de um pai excessivamente rígido, foi suave, delicado e ofereceu-me um modelo de acolhimento do qual jamais esquecerei. Com ele aprendi a não falar mal de ninguém e ter profundo respeito pelos limites e possibilidades de cada um.

Naquela época, eu achava que a separação era a melhor alternativa para ambos. A qualidade da relação parecia-me muito baixa e o sofrimento muito alto. Temia inclusive pela saúde deles. Contudo, não fazia a menor ideia de como uma separação é difícil.

Duas vidas se encontram em dado momento, encantam-se mutuamente – esse foi o caso deles – e resolvem seguir juntas, sonhar juntas, unir esperanças, esforços, em busca de objetivos comuns, da felicidade enfim. Misturam-se no quarto, nos armários, na conta conjunta, nos filhos. Riem de bobagens das quais ninguém acharia a menor graça. Renunciam a um **eu** sozinho e todas as suas potencialidades e abraçam um **nós** e suas possibilidades. Sim, não é fácil separar-se porque trata-se de procurar-se e não se achar. Trata-se de encontrar-se com um outro eu, um novo eu, não aquele anterior ao casamento; aquele não existe mais, perdeu-se nas circunvoluções da vida a dois. Com a separação, a renda familiar caiu significativamente porque, apesar da pensão, minha mãe ganhava bem menos que meu pai. Felizmente, havia também o meu salário e assim o orçamento se ajustou.

Vivíamos modestamente, porém não nos faltava o necessário para nos desenvolvermos humanamente e academicamente.

Meus irmãos trilharam caminhos semelhantes ao meu: passaram no vestibular na Universidade de Brasília e quase simultaneamente em algum concurso público. Marcelo fez Ciência da Computação e depois Direito e Débora fez Direito e Psicologia.

UM GRANDE AMOR

Durante a faculdade, conheci uma mulher que marcou e mudou minha vida. Ela foi minha professora e acabei me apaixonando. Foi inevitável!

Era uma mulher muito inteligente, tinha um sorriso lindo, era séria – sempre me senti atraído por mulheres sérias –, elegante, feminina e extremamente amável. Aliás,

O MENINO QUE NÃO DEVERIA SER

mulheres elegantes de alma – frise-se bem –, e amáveis são, em minha opinião, obras-primas da Criação.

Como é costume acontecer aos alunos apaixonados, dediquei-me mais à disciplina dela. Assim, tinha mais dúvidas e mais possibilidades de contato com ela. Minha docente preferida tinha mãos muito alvas e gesticulava com graciosidade. Feliz, vi que lhe faltava uma aliança no dedo anular esquerdo. Embora isso não fizesse qualquer diferença, já que não iria namorá-la, sentia-me mais autorizado a gostar das mulheres solteiras.

Num belo dia, ela me convidou para assistir a uma palestra de um sacerdote em um centro cultural. Obviamente, aceitei sem pestanejar. Assim foi que, numa terça-feira, saímos da universidade e fomos para a avenida W3 sul, onde se situava o local. Era uma casa geminada, dessas que parecem pequenas por fora, mas são grandes por dentro. Tinha três pavimentos: uma sala de estar e de estudos, no subsolo; uma sala de estar, capela, sala de jantar, cozinha e lavanderia no piso térreo e os dormitórios das moradoras no segundo andar. Tudo decorado com muito bom gosto.

Chegamos uns 30 minutos antes. Já havia algumas mulheres que aguardavam na sala de estar do piso térreo. Lembro-me que a atenção e a fluidez alegre do diálogo entre elas chamou minha atenção. Não havia conversas paralelas ou olhares furtivos de duplinhas apartadas. Pelo contrário, parecia haver um entrosamento bastante agradável que integrava a todas.

À nossa chegada, uma delas prontamente mudou-se para outro assento, permitindo que eu me acomodasse em uma poltrona confortável próxima ao sofá onde minha amiga se sentou. Todas me trataram muito gentilmente, demonstrando interesse por mim. Perguntaram-me sobre o curso médico, sobre a especialidade que escolheria. Enfim, conseguiram fazer com que eu realmente me sentisse acolhido. Estava absolutamente encantado com a rara delicadeza daquelas pessoas, quando, pouco antes das 18h, uma delas abriu uma porta, tirando os ferrolhos que a prendiam ao chão e à moldura superior. Era uma porta em placas de madeira artisticamente trabalhadas e articuladas umas às outras por meio de dobradiças. Num instante, o que até então parecia um painel, abriu-se ampliando o ambiente para uma capela simples, porém adorável.

Rapidamente houve uma reorganização na disposição dos assentos e, enquanto nos reacomodávamos, aquela que me cedeu a poltrona acendeu duas velas dispostas em belos castiçais que jaziam nas extremidades do altar. Atrás via-se um lindo retábulo. Às 18h, em ponto, estávamos todos sentados, em silêncio, quando um sacerdote de batina preta impecável cruzou a sala, com passos firmes. Parou em frente ao sacrário, ajoelhou-se e, de cabeça ligeiramente fletida para baixo, pronunciou uma breve oração.

Sua postura, voz e prosódia impressionaram-me profundamente porque havia presença naquelas palavras:

"Meu Senhor e meu Deus, eu creio firmemente que estás aqui, que me vês e que me ouves. Adoro-Te com uma profunda reverência. Peço-Te perdão pelos meus pecados e graça para fazer com fruto esse tempo de oração. Minha Mãe imaculada, São José, meu pai e senhor, meu Anjo da Guarda, intercedei por mim."

Levantou-se e, em silêncio, sentou-se em uma cadeira diante da qual havia uma pequena mesa com uma toalha que a cobria até o chão. Em cima havia uma Bíblia, dois ou três livros cuidadosamente empilhados e um crucifixo. Tirou seu relógio de pulso, colocou-o à frente, dirigiu-nos um olhar afetuoso e começou sua palestra em tom meditativo, tranquilo e simpático.

Falou-nos que Deus criou o homem para ser feliz e que para ser feliz é preciso correr riscos. Afirmou que o medo afasta o homem de si mesmo porque o impede de lançar-se em busca de seus ideais. Em tom pausado, declarou que Deus não é um Criador distante que fica num céu onde brilham as estrelas, mas, antes, espera-nos nas salas de aula, nos leitos dos hospitais, no escritório, no teatro, na biblioteca e em cada atividade humana honesta e justa. Continuou assegurando que, exatamente por isso, o trabalho, os estudos e o cumprimento das tarefas cotidianas eram, quando realizados com essa consciência, uma forma de oração, um momento de encontro com Deus. Assim, instou-nos a seguirmos confiantes, com coragem e moral de vitória.

Ao final de sua meditação, exortou-nos a inspirar-nos em Santa Maria, que, por um grande amor, correu riscos inimagináveis. Levantou-se com calma, novamente ajoelhou-se diante do sacrário e com a mesma atitude interior e exterior com a qual iniciara, finalizou:

"Dou-Te graças, meu Deus, pelos bons propósitos, afetos e inspirações que me comunicaste nesse tempo de oração. Peço-Te ajuda para os por em prática. Minha Mãe imaculada, São José, meu pai e senhor, meu Anjo da Guarda, intercedei por mim."

Saiu do ambiente tão elegantemente quanto entrara. Difícil caracterizar a impressão que aquela experiência me causou. Aquele sacerdote deixou uma marca indelével. A pontualidade tranquila de alguém que estava perfeitamente integrado a seu tempo e espaço; sua serenidade afável; a clareza de suas palavras; a lógica de seus argumentos inteligentemente conectados e as implicações existenciais de suas conclusões eram notáveis.

Naquele dia, descortinou-se à minha frente uma nova maneira de viver minha espiritualidade. A proposta de entregar-me o mais inteiramente possível a cada atividade, consciente da presença Divina, conferiu um sentido completamente novo a meus esforços.

Passei a conseguir integrar mais as diferentes dimensões de minha personalidade. Minha busca de conexão espiritual deixou de restringir-se exclusivamente à oração mental ou missa. Progressivamente fui, e venho, tentando a possibilidade de sua realidade em cada situação, por mais prosaica ou trivial: nas aulas; diante de um paciente; no percurso de um caminho; numa conversa com um amigo; por meio de meu esforço para estar presente num momento de intimidade ou simplesmente diante de uma refeição.

Aos poucos fui percebendo a grande diferença entre a satisfação pessoal ou segurança emocional associada a sentir-me um bom cristão e a desconcertante perplexidade de encontrar-me num relacionamento de amor com Deus.

Desde criança, ouvi de meus pais, de minha avó e dos padres que um tal de Deus me amava. Quando eu queria saber melhor de quem se tratava, ouvia respostas vagas, pouco esclarecedoras: "Deus é o criador de tudo!", "Deus é amor", "Deus é pai", "Deus é um mistério" e coisas do gênero. Entendia e não entendia...

Quando completei 7 anos de idade, fui para o catecismo. Lá a catequista nos ensinou que "Deus é Jesus, porém Jesus é filho de Deus". Então, Deus seria pai de si mesmo? Não, são pessoas distintas, confirmou-nos depois o pároco...

No entanto, se era verdade que Ele me amava, interessava-me menos entendê-Lo do que senti-Lo. Onde estaria aquela Presença? Eu sabia que precisava daquele amor...

Um dia, já subjetivamente tomado pela consciência dessa realidade, dei-me conta de algo perturbador: Ele queria ser amado por mim.

Mais do que "meus deveres de casa", meu bom mocismo, Ele esperava meu amor. Na verdade, tudo o que ele queria e esperava era meu amor. O meu! O Vivente, per se; o Criador de todas as coisas; o Amor aguardava ser amado por mim... Isso me parecia i-ni-ma-gi-ná-vel. Contudo era isso mesmo. Os evangelhos não deixam margem a qualquer dúvida.

Vi-me eu diante do inexplicável: como seria amá-Lo? Como fazer para amá-Lo? E afinal, o que é o amor? Tenho passado as últimas três décadas de minha vida às voltas com essas questões. Menos interessado em entender do que em viver.

Alguns *insights* foram possíveis.

Primeiro, para amar não é necessário (nem sei se possível) compreender e talvez seja inerente à verdadeira experiência de amar, vivê-lo assim sem entender muito mesmo.

Segundo, o amor ao Amor se realiza na plenitude da atenção que nos conecta ao aqui e agora porque é no instante presente que a vida e o Mistério que a mantém acontecem. O amor não prescinde da totalidade da presença, de tudo que me constitui em um ser que existe e é!

Terceiro, seja como for, é impossível amar a Deus, a quem não vemos, se não nos esforçamos para acolher e entregar-mo-nos ao próximo com quem convivemos. Amar é uma experiência que se vive. Nessa perspectiva, não há algo mais inclusivo e integrador que a presença Divina na criação da qual cada ser humano é parte. É lá que o amor se torna acontecimento.

TIA TEREZA

Segundo Fiódor Dostoiévski (1821-1881), há homens que amam a humanidade, mas não toleram o ser humano a seu lado. Essa frase jamais se aplicaria a tia Tereza. Na verdade, se o grande escritor russo a tivesse conhecido, diria que há pessoas que nasceram para ensinar a amar.

Numa manhã de sábado, fui fazer uma visita a uma colega que estava doente. Enquanto nos despedíamos à porta, a mãe dela chegou. Vanessa nos apresentou e eu, para minha própria surpresa, a cumprimentei chamando-a de tia.

Ao contrário de muitos de meus colegas, eu nunca tive o hábito de chamar as pessoas mais velhas ou os amigos dos meus pais de tios. Isso realmente não fazia parte de meu costume habitual, entretanto, por alguma razão que ainda hoje ignoro, eu me dirigi a ela assim.

A empatia foi imediata. Seu olhar acolhedor e a sinceridade de seu sorriso emolduraram aquela cena que jamais esquecerei. Eu não sabia que se iniciava naquele dia uma grande, verdadeira e profunda amizade.

Fui acolhido, naquela família, como um filho. De fato, cresceu entre nós um vínculo de amor incondicional. Uma relação que se manteve e segue como um laço familiar inexplicável.

Tia Tereza, inúmeras vezes, declarou-me seu amor de mãe, convidava-me para almoçar com eles, telefonava para saber de mim e esteve presente em minha vida nos momentos mais importantes: festivos e dolorosos. Ela e tio Carmelito, seu esposo, conheceram meus pais, aproximaram-se de minha família e foram inúmeros os Natais na casa deles. Viajamos incontáveis vezes para a fazenda deles, para a casa da praia e até para a Europa. Eles me convidaram e não aceitaram minha impossibilidade financeira como desculpa. Levaram-me como se filho fosse.

Nossos caminhos se encontraram naquele dia e jamais nos separamos. Eles se tornaram uma referência e somos uma mesma família.

Sou privilegiado porque, inexplicavelmente, fui agraciado com duas mães. O Amor realmente encontra seus caminhos e se faz presente. Como se não bastasse a excepcionalidade com a qual se manifestou, fez questão de explicitar-se com um capricho: uma se chama Terezinha Maria e a outra Maria Terezinha.

AMOR FILIAL

Era final de ano. As festas e as férias se aproximavam. Começava a sentir o conforto que os sentimentos e disposições de ânimo relacionados ao Natal e à passagem de ano produzem em mim.

Além do sentido cristão, sempre vi, nessas datas, oportunidades de confraternização que convidam à misericórdia, a lançar um olhar mais benigno sobre si mesmo e sobre os outros; à revisão de propósitos, recomeços... Enfim, chegara dezembro.

Numa manhã de sábado, minha mãe chamou-me ao quarto dela e mostrou-me um nódulo em seu seio direito. Apalpei-o e pareceu-me benigno: tinha uma consistência fibroelástica... Com um olhar preocupado, contou-me que sonhara com Nossa Senhora. Em seu sonho, Ela lhe dizia que estava com um câncer na mama esquerda. Acordou, apalpou-a e não achou nada, mas quando procurou na direita, lá estava: havia uma lesão pequena que, não obstante parecer inocente, teria que ser investigada. Foi exatamente isso que eu lhe disse. Evidentemente eu não tinha a menor condição de emitir qualquer opinião – eu era apenas um estudante de Medicina –, contudo disse-lhe o que me pareceu mais tranquilizador.

A facilidade de estar dentro de um hospital universitário permitiu que a investigação clínica fosse acelerada. No dia 16 de dezembro de 1987, ela realizou uma biópsia, ao final da qual uma das médicas, chamando-me ao lado, disse-me que o exame histológico prévio revelara tratar-se de um câncer de mama. Quando ouvi essa informação, senti faltar o chão sob meus pés. O tempo pareceu dilatar-se. Uma multidão de pensamentos acorreram à minha cabeça, enquanto via minha mãe levantar-se da maca, com um sorriso nos lábios, grata pelo procedimento que acabara de sofrer. Ela ainda não sabia.

Meu pai estava no Ceará. Pegara uma licença-prêmio do órgão público onde servia e fora passar uma temporada com seus parentes. Assim, coube a mim contar-lhe o diagnóstico e interceder com os médicos do hospital para que minha mãe fosse operada antes do recesso do centro cirúrgico.

Naquela ocasião, eu trabalhava no Serviço Médico do Tribunal Superior do Trabalho. A diretora era doutora Conceição Cavalcante, uma excelente médica de quem vim a tornar-me grande amigo. Conceição também trabalhava no Hospital Universitário de Brasília e foi ela quem conseguiu que, a despeito do recesso, a cirurgia fosse realizada. Lembro que, na véspera, fui conversar com a mastologista que operou minha mãe. Era uma mulher muito séria, usava seus cabelos negros encaracolados curtos e isso a deixava ainda mais austera. Não me recordo de tê-la visto sorrir sequer uma vez. Perguntava-me se não sorria pela seriedade do quadro clínico de minha mãe ou se não se sentia feliz mesmo.

De qualquer maneira, senti na própria pele a falta que faz, num momento como esse, um gesto mais afável e acolhedor. Um médico que olha nos olhos e sorri: prometi a mim mesmo que seria assim.

Sem tirar os olhos dos papéis nos quais escrevia, a cirurgiã questionou-me sobre a técnica cirúrgica a ser empregada. Naqueles idos, estavam começando a fazer quadrantectomias, um procedimento que consiste na retirada do quadrante onde se situa o tumor. Pediu-me que decidisse entre essa abordagem e a mastectomia radical. Senti muita pena de minha mãe. Os seios para uma mulher são tão importantes: encarnam o feminino em seu erotismo e maternidade. Porém, eu tinha que decidir pelo que aumentaria suas chances de cura. E foi isso que eu fiz.

Internamo-nos, minha mãe e eu, no dia 20 de dezembro. No dia seguinte, bem cedo, vieram buscá-la. Fiquei sozinho na enfermaria de dois leitos. Sentado no meu, olhei para meus pés, que não tocavam o chão. Lembrei-me de quando era criança. Passei os olhos sobre o dela, seu lençol amarrotado, o cobertor engruvinhado. Vi um fio de cabelo em cima do travesseiro e limpei as lágrimas que até aquele momento não pudera verter.

Aquela última semana passara como um turbilhão: dera a notícia à minha mãe, que ficou tomada por uma tristeza de morte, e a meus irmãos, cujos olhos perguntavam-me se ficaríamos sem ela. Corri atrás dos exames pré-operatórios. Tinham que ficar prontos em tempo hábil para que a mastologista programasse a operação.

E, naquele momento, ela estava lá, no centro cirúrgico, sendo preparada para a cirurgia. Resolvi descer à capela do hospital. Precisava fazer algo urgentemente. Era uma capela muito simples e despojada, como em geral são as capelas dos hospitais. O sacrário ficava à frente de uma parede branca. À direita, um pouco mais acima, via-se a luz de uma pequena luminária de cor âmbar. Em frente ao sacrário havia um altar de madeira coberto por uma toalha de linho branco. Entrei e vi que alguém me antecedera porque havia flores frescas nos dois vasos cuidadosamente colocados sobre pequenas mesinhas redondas e altas dispostas de cada lado. Pareciam mesmo feitas para aquela função.

Persignei-me com os dedos molhados da água benta que colhi num pequeno reservatório logo à entrada e dirigi-me a um genuflexório que ficava logo atrás do primeiro banco.

Coloquei-me na presença de Deus e pedi-lhe com todas as minhas forças e fé que curasse minha mãe. As lágrimas corriam livremente. Senti-me amparado para chorar e não as detive.

Em minha oração, contei-Lhe que minha mãe tinha três filhos e Débora, a caçula, era adolescente e ainda precisaria muito dela. Eu, por outro lado, não tinha e provavelmente não teria filhos. Assim, como minha existência não era tão fundamental como a dela, coloquei-me a Seu dispor. Ofereci, se necessário fosse, minha vida pela dela.

A dor obnubila a percepção: barganhei com Deus como se aquele câncer fosse obra dEle, como se quisesse Ele levar minha mãe. Hoje, ao lembrar-me daquele momento de angústia, comovo-me pensando na ternura do coração paterno de Deus. Ouviu a prece de um jovem que buscava amparo. Não entendi à época. Todavia, Ele, na inimaginável perspectiva do Amor, encontrou uma maneira delicadíssima de aceitar minha oferta.

Terminei minha oração certo de que Deus entendera tudo direitinho. Saí da capela e resolvi ir ao banco de sangue. O que mais poderia fazer? Colheram uma bolsa de 500 mililitros.

Após recuperar-me de uma ligeira vertigem, voltei à enfermaria para esperar minha mãe. Decorridas cerca de duas eternas horas, a médica responsável pelo banco de sangue entrou ofegante atrás de mim. Perguntou-me sobre minha saúde, queria saber se eu tivera hepatite B, C e outras de etiologia viral. Neguei, afirmando que, fora as sinusites de sempre, gozava de muito boa saúde.

Insistiu em saber se eu tinha certeza do que acabara de afirmar. Anuí com a cabeça e, diante de meu olhar inquisitor, revelou-me que minha mãe precisava de sangue com urgência e a única bolsa com sangue A positivo era a que eu acabara de doar.

A remessa de bolsas de sangue encaminhada ao Hemocentro para testagens ainda não havia retornado. Não daria tempo para fazer qualquer teste. Ela tinha que ser transfundida imediatamente. Dei a autorização necessária e ela saiu apressadamente. Fiquei atônito com a situação. Minha mãe perdera muito sangue? Corria risco de morte? Tinha que ser transfundida imediatamente? A única bolsa de sangue A positivo disponível era a que eu acabara de doar? Sim, foi isso que eu ouvi.

Engoli em seco e senti um aperto frio no peito. Pensei em ir para o Centro Cirúrgico. Afinal, como estudante de Medicina, poderia entrar, mas e se eu desmaiasse? Concluí que não deveria fazê-lo. Meu olhar não encontrava pouso. Pensei em meus irmãos. Dei-me conta de nossa vulnerabilidade: minha mãe, eu e eles. O que aconteceria? O que estaria acontecendo?

Resolvi ir atrás da hematologista. Felizmente, a encontrei entrando no banco de sangue. Ela acabara de voltar do Centro Cirúrgico. Informou-me que minha mãe estava recebendo meu sangue e que estava hemodinamicamente estável.

Vendo-me arfar, convidou-me para sentar um pouco e perguntou-me quem me orientara a doar sangue. Antes que eu articulasse qualquer resposta, continuou com um sorriso que me tranquilizou: "Foi uma sorte porque era a única bolsa de que dispúnhamos!".

Apesar do absurdo daquela situação, agradeci muito e voltei para o quarto. Enquanto o elevador subia, lembrei-me da minha prece: "minha vida pela dela"... Sorri enquanto meus olhos quentes e úmidos fixavam-se na luz que indicava o andar. A porta se abriu e dei de cara com a cirurgiã, que me informou que tudo estava bem e que o procedimento cirúrgico fora bem sucedido.

Macroscopicamente, a mama e os linfonodos axilares retirados pareciam não apresentar lesão. Entretanto, asseverou que teríamos que aguardar o resultado do exame anatomopatológico para ter certeza.

Minha mãe aguardava na recuperação anestésica. Troquei-me e fui até lá. Ela estava semiacordada. Tremia de frio. Consegui alguns cobertores para tentar aquecê-la. Tinha uma máscara de oxigênio que não a deixava falar. Lembro-me de que lhe disse que se acalmasse, que logo conversaríamos. Contei-lhe que tudo correra bem, que a cirurgia fora um sucesso e que ela estava ótima. Ela me olhou nos olhos e logo adormeceu novamente.

Aquele 21 de dezembro transcorreu assim, minha mãe dormiu quase todo o tempo, acordava por alguns minutos, repetia as mesmas perguntas e caía no sono novamente. Vê-la dormir profundamente me acalmou porque suas olheiras revelavam a insônia daquela última semana.

Eu tentava relaxar seu cenho, todavia, mesmo dormindo, continuava franzido. Sua vida não estava mesmo fácil. Separada do marido, com três filhos para cuidar, orçamento apertado e agora o câncer.

Débora e Marcelo chegaram para visita. Estavam abatidos também. Marcelo quase não falava nada. Expliquei melhor o que lhes informara pelo telefone. Iniciava agora uma angustiante espera pelo resultado do exame anátomo-patológico. O estadiamento e o prognóstico da doença dependiam daquele resultado.

Minha mãe acordou subitamente; quando os viu, perguntou se estavam bem. Com os olhos úmidos a beijaram e responderam que sim. Ela voltou a dormir em seguida.

Eles prestaram a mais absoluta atenção a tudo que eu lhes disse. Sequer piscavam. O sofrimento deles era visível. Coitados, não consegui ampará-los suficientemente. Precisavam de um abraço apertado, de um ombro para chorar, contudo, eu sentia que, se me expressasse assim com essa compaixão, corria o risco de desmoronar e não conseguir conduzir um processo que dependia de uma assertividade positiva.

Talvez, naquela idade, eu não conseguisse conciliar as duas atitudes... Creio que devem ter se apoiado mutuamente porque naqueles dias tinham apenas um ao outro.

ESPERANÇA DE CURA

Os dias foram se sucedendo e sustentávamo-nos da alegria das pequenas e grandes boas notícias. A primeira foi que minha mãe tinha os linfonodos axilares livres. Esse fato auspicioso indicava que a doença muito provavelmente não havia se espalhado pelo organismo. Depois vieram os resultados dos exames de sangue, raio-X de tórax e cintilografia. Todos absolutamente normais. Nenhum sinal de metástase!

A segunda grande notícia foi a chegada de meu pai. Minha mãe nos proibira de contar-lhe sobre seu estado de saúde, mas esquecera de fazer o mesmo com a funcionária que trabalhava em casa e ela, vendo-se livre daquele compromisso, contou-lhe na primeira ligação telefônica que ele fizera.

Voltou e pediu para que ela o aceitasse de volta. Ela assim o fez e voltamos a ser uma família completa.

Nossa rotina voltava ao normal ou quase. Minha mãe iniciou a quimioterapia com todos os efeitos colaterais, à época bem desconfortáveis.

O MENINO QUE NÃO DEVERIA SER

Aposentou-se pelo câncer e ficava mais dedicada a cuidar de sua saúde e administrar-nos a todos. Não sei do quanto precisávamos, mas isso não tem qualquer importância porque ela o faria mesmo que não fosse necessário.

Mais de uma vez cheguei em casa e a vi deitada no sofá com a cabeça no colo de meu pai. Isso me deixava feliz por ela e, ao mesmo tempo, enciumado. Sentia-me excluído. Tive uma espécie de nova-edição-atualizada de meu complexo de Édipo. Acho que aqueles dias tão intensos, nos quais a vida dela esteve ameaçada, fez com que eu atuasse como um adulto bastante resolutivo, embora me sentisse como uma criança perdida. Queria ser tudo para ela, garantir-lhe tudo, salvá-la. Eu estaria feliz se nada de ruim lhe acontecesse. Minha vida emocional resumiu-se a isso.

A magnitude do sofrimento de sentir a possibilidade real de vir a perdê-la mostrou-me o quanto eu estava ligado a ela. Percebi que havia algo de excessivo porque meu sentimento era de não conseguir sobreviver à morte dela.

Certa tarde, ao voltar para casa, pensei que talvez fosse saudável para mim ter a experiência de morar em outra cidade. Meus pais estavam novamente unidos. Eu sentia que precisava viver minha vida, tentar ser apenas um filho em busca de seu próprio caminho. Não fazia a menor ideia de como isso poderia acontecer. Apenas pensei que seria bom.

O FUTURO E SUAS PROMESSAS

Minha mãe restabeleceu-se completamente do câncer e voltou a trabalhar até aposentar-se por tempo de serviço. Curiosamente, a despeito de nada saber sobre aquela oração na capela do hospital, afirmou inúmeras vezes que meu sangue a curara.

Meus pais continuaram juntos, apesar dos conflitos e de outras separações temporárias que vieram a acontecer. Nos dias que antecederam o falecimento de meu pai, vi o quão conectados eles estavam. Soube depois das conversas que tiveram e fiquei muito feliz por eles. Naqueles últimos dias, todos os conflitos e mágoas perderam qualquer relevância. Foi como se nunca tivessem realmente acontecido. A alegria de meu pai quando via minha mãe e a pressa adiantada dela à hora da visita comoveram-me e me mostraram o quão equivocado estive sobre o relacionamento deles. Eles se amavam. Antes de meus pais, eles eram José Mário e Terezinha e sempre se amaram.

Marcelo se casou com Helena, uma de minhas colegas de turma. Com o tempo, fomos nos tornando cada vez mais irmãos. Tiveram dois filhos maravilhosos e seguem vivendo todas as vicissitudes de uma família que compreende que a felicidade não é um lugar ao qual se chega nem uma obra a qual se acaba, mas uma construção diária.

Debora tornou-se uma mulher muito interessante: inteligente, elegante, divertida, vive cercada de amigos com os quais realmente tem vínculos de verdadeiro afeto. Sua habilidade em cultivar amizades é realmente inspiradora. Depois que concluiu a faculdade de Psicologia, alguns de nossos almoços e reuniões tornaram-se bem parecidos com sessões de terapia de família, às vezes divertidas, outras nem tanto assim. Mas todas e cada uma vale cada mimuto.

Tia Tereza e tio Carmelito continuam amando-me incondicionalmente. Sempre estivemos juntos e, sem se darem conta, mostraram-me quão real é o amor de Deus por mim.

Eu tive muitos desafios e percorri uma longa estrada até ter a coragem de assumir minha incongruência de gênero e dar início ao tratamento de adequação sexual. Aprendi muito porque não me faltaram oportunidades.

Sigo compreendendo e superando várias dificuldades emocionais que se constituíram no decorrer de meu desenvolvimento.

Hoje não tenho mais disforia de gênero. O tratamento de redesignação permitiu que eu me reconhecesse em meu corpo e o habilitou a ser a expressão da vida que em mim vive e que, em ultima instância, sou eu mesmo.

Livrei-me de um doloroso sentimento histórico de insuficiência que me fazia acreditar que sempre fizera menos que o possível e dera menos do que eu tinha. Uma noite, em casa, já homem feito, vi claramente que sempre fiz o que pude e dei o que tinha.

Tenho compreendido mais recentemente que amar é atuar em favor da expansão da vida que há em mim e em todos os seres vivos: amar é fazer viceja. Entendi que não é possível fazê-lo sem integrar-me genuinamente com os outros homens e com a natureza, que não é possível integrar-me sem entregar-me e somente posso entregar aquele que sou! Aprendi também que são plurais as formas de entrega: algumas implicam proximidade física, emocional, espiritual... Outras uma companhia mais distante, doce, que não faça mal, porque é fazer mal oferecer uma bondade que pode tornar-se excessivamente pesada; outras, ainda, sendo quem sou onde quer que eu esteja. E todas são boas a depender da necessidade e do momento. Quero estar onde minha vida possa se expandir, frutificar, onde eu possa contemplar a beleza do céu azul como contemplava aquelas marcas dos muitos pés do balanço da minha infância. Quero estar onde minha presença ou ausência seja favorável à felicidade de todos os seres porque estamos todos conectados. Somos um só.

Dois aspectos interessantes dos quais me dei conta mais recentemente é que não há nada mais elegante que a verdade. A legitimidade de sua altivez e firmeza de seus passos a revestem de uma beleza ética arrebatadora. Pude compreender também a beleza dos recomeços. É mais bonito recomeçar do que começar. Como são grandiosos os recomeços, quão dignos de respeito os que acreditam em si, na vida e, mais uma vez, tentam.

Esses *insights* trouxeram-me certa alegria porque gosto de pensar em mim como um homem elegante e confiante.

Não sei se teria chegado a essas conclusões sobre minha existência se tivesse percorrido outro caminho... Mas cada vez acredito mais numa adorável jovem adolescente que sofreu as dores do *bullying* e foi minha paciente. Gabriela, após ouvir de mim que eu estava em processo de transição, instou-me a lembrar sempre que o amor e a misericórdia são maiores que a incompreensão das pessoas e que, a despeito das aparências, Deus não erra!

POSFÁCIO

Começo minhas reflexões com uma frase do livro *O menino que não deveria ser*. Concordo com você, Gabriel! Na última linha de seu livro você escreveu: "a despeito das aparências, Deus não erra!". Não erra mesmo! No entanto, para Seus acertos conta com filhos como você!

O título *O menino que não deveria ser* permite supor que o autor questiona e se opõe a um determinismo cultural arbitrário – produto de malignas forças coercitivas – com uma afirmação: se menino é, então, deve ser! Pronto! O livro transita por várias vertentes, que interagem entre si – apresentadas de maneira delicada e brilhante pelo autor – para dar à luz a possibilidade – apesar de fanáticas e truculentas oposições – de que se menino é, então, assim seja!

O livro se desenvolve como um processo de sucessivas descobertas e reflexões, sistematizadas de diferentes áreas, que culminam com uma conclusão: deve ser e para ser, **assim se faz!** O vir a ser pode parecer uma visão utópica: em lugar nenhum ou aquilo que nunca se alcançará! O autor descreve de maneira poética, dolorosa, serena, ousada, corajosa..., baseado em evidências e em sua vivência pessoal, que percorrem sucessivos parágrafos, que a esperança pode não ser uma utopia. O livro é enfático: não é uma utopia! Por meio de construtiva luta pelo vir a ser, a esperança deixa de ser utópica e vem a ser o meu aqui, o meu agora, o meu ser: aqui, agora, cheguei a ser!

O livro pode ser analisado como uma progressiva narrativa de mutações; mutações de corpo e de alma. O autor narra com ousadia e sem máscaras o processo de vir a ser. Processo esse que envolve mutações do fenótipo, da personalidade, da concepção de ser humano e de sua essência, de crenças, de sonhos, de desejos, de amores, de preconceitos, de medos, de sentido de vida... Todos eles – e muitos mais – dão formatação a um novo homem, aquele que avançou na direção de levar além e para

muito longe os limites e potencialidades de uma pessoa. Tal ampliação de múltiplas dimensões humanas não visa à felicidade, mas à liberdade. Estas duas classes de sentimentos têm, cada qual, vida própria: a liberdade é pré-requisito para alguém se qualificar para uma existência melhor, não necessariamente limitada pela felicidade. A felicidade vive entrelaçada com a dor; assim é o ser humano: alguém que sofre, alivia-se, sente-se bem, sofre, alivia-se, sente-se bem... Ri e chora num "eterno retorno" ao que sentiu e sentirá! Liberdade liberta para buscar; não promete promover uma vida plena!

Mutações podem ser presentes da Natureza; podem ser maldições! A distância entre uns e outras depende de interações aleatórias patrocinadas por ela. Não estou, neste texto, falando de tais classes de mutações. Tento sintetizar o majestoso percurso que Gabriel oferece – com desinteressado ganho pessoal – para produzir mutações; não para esperar por elas! As mutações, às quais me refiro, não foram resultado do acaso, mas da entrega que Gabriel fez de sua existência, de seu modo de ser, de seu próprio corpo à busca de um caminho de vir a ser. Foram criadas mudanças sem que o autor transferisse para outrem riscos, dores, dúvidas – percalços necessários e inevitáveis – desse processo tão pouco descortinado. Não há conselhos, instruções, ordens, imposições... Há descrições de como se produzem mutações possíveis e libertadoras, não obstante parecerem de início assustadoras e inalcançáveis. As mutações que pastoreei pelas páginas deste livro não são produzidas pela Natureza nem são resultados de encontros aleatórios de fatores determinantes. São produzidas por uma vida em contínua mutação.

Dou destaque ao termo "uma", porque me refiro à contribuição da vida de uma pessoa, o autor, que, no processo artesanal de relatar e demonstrar o resultado de experiências individuais, vivenciadas por ele próprio de maneira solitária, expõe rumos e processos; a trilha em si mesma cabe a cada um! Caravelas descobriram um Novo Mundo que estava lá; Gabriel **construiu** caravelas e **construiu** um Novo Mundo para navegantes que sabiam o "aqui não", mas até agora desconheciam o "aqui sim"!

O MENINO QUE NÃO DEVERIA SER

Esta obra não pretende enaltecer um herói! Pretende oferecer o caminho percorrido e desvendado por ele para vir a gestar heróis de si mesmos. Na história do conhecimento, os heróis das diversas áreas do saber não se tornaram deuses em benefício próprio; tornaram-se instrumentos para melhorar – com os conhecimentos descobertos e sistematizados – a Humanidade. Chamo de herói de si mesmo cada um que, como produto de seu esforço, alcançou o patamar de uma vida melhor. Entendo que a descoberta de caminhos para uma vida melhor não é um processo individual, mas resultado da interação de inúmeros saberes que foram descobertos, sistematizados e explicitados por meio de trabalho metódico, baseados em evidências empíricas, forjados pelos métodos das Ciências Naturais e coroados com a aprovação manifestada por meio de sentimentos de heróis de si mesmos.

Não se esqueça, porém, daquilo que um herói pode proporcionar para os que fazem parte de seu mundo; ele é fonte de inspiração e de motivação para avançar. O herói instrumenta e, assim, viabiliza o desenvolvimento comportamental e emocional de cada um; ele oferece opções para minimizar os tormentos cotidianos perenes, que só ali estão porque não se conhece o bálsamo que alivia! Folhear este livro é entrar em contato com o bálsamo!

Sumarizo, afirmando que *O menino que não deveria ser* é produto de um cientista, de um historiador, de um filósofo, de um médico, de um humanista, enfim, produto de um corajoso desbravador do labirinto da existência humana. Estou certo de que, a seu tempo, será reconhecido como um herói, pela contribuição que está dando com vistas a melhorar a qualidade de vida de pessoas anônimas, que em seu desamparado chegam a duvidar de sua saúde mental e emocional, marginalizadas e incompreendidas pela ignorância e soberba do poder coercitivo predominante. Essas pessoas estavam abandonadas sem sólidos sinais de por onde caminhar. Gabriel apresenta sólidos sinais do percurso, elaborados a partir de sucessivas entregas de lâminas de seu Ser. Acredito que – depois de ler este livro transformador – muitos se juntarão a meu grito: "Obrigado, Vida, por nos ter entregado Gabriel: **o menino que veio a ser!**".

Hélio José Guilhardi

Psicólogo clínico, escritor, professor e conferencista
nacional e internacional